아침 햇살 가득 번지던 그곳

아침 햇살 가득 번지던 그곳

공순혜 수필집

수필과비평사

책머리에

단발머리 소녀 시절 중학교 때였습니다. 영희와 나는 책상 밑에 춘원의 『유정』과 『무정』을 넣어 놓고 수업 시간 선생님이 칠판에 글씨 쓰실 때 몰래몰래 책을 보다 꿀밤을 맞고야 정신을 차렸습니다.

그리고 영희와 나는 우리도 이렇게 눈물겨운 사랑이야기를 써 보자고 약속했습니다. 여고 시절에는 등나무 아래서 『젊은 베르테르의 편지』를 읽으며 베르테르의 이루지 못한 사랑에 마음 아파했고, 헤세의 『데미안』을 읽으면서는 싱클레어의 아프락사스(빛과 어두움의 공존)에 대한 고민에 공감도 했습니다.

카뮈의 『시지프스 신화』에서는 영원히 헤어나올 수 없는 고통 속에서 벗어날 수 없는 인간의 숙명에 대해서도 아파했습니다.

풋사랑 같은 인생에 대한 연민의 정은 뒤로하고 부모님 권유대로 약사가 되어 서낭당 고갯마루에서 주민들의 아픔과 함께 반평생을 살아왔습니다. 길도 나고 나이 들어 약국을 정리하고 소녀 시절 꿈이었던 글쓰기를 해보려니 도저히 엄두가 나지 않았습니다.

아둔해진 머리, 잃어버린 문장력, 무디어진 펜 끝 무엇 하나 자신이 없었습니다. 용기를 내어 뚜벅뚜벅 투박하게 생활의 편린들을 모아 한 자 한 자 적어본 것이 작은 책 한 권이 될 듯하여 내놓으려 합니다.

부끄럽습니다!

민망합니다! 보이면 안 될 속살이 다 드러나 보여서요.

많이 채찍질해 주시고 시간이 나고 마음이 내킬 때 한 쪽이라도 읽어 주시면, 그리고 웃고 눈물 한 방울이라도 흘려 주시면 움츠려들었던 제 기氣가 조금은 펴질 것 같습니다.

양해를 구하려 합니다.

다음 기회로 미루는 것이 마땅한 줄 알면서도 세상사는 한 치 앞도 장담할 수 없다는 생각에 결례를 범했습니다. 마지막 장에서는 늘 만날 수 있는 자식들이지만 면전에서 잔소리를 하는 것은 좀 겸연쩍어서 시간과 공간이 주어질 때 하고자 제 사私적인 공간으로 사용하였습니다. 송구스럽습니다. 이해하여 주십시오.

그동안 메말랐던 감성에 불을 지펴 주시고 배려와 관심으로 지도해 주시고 격려해 주신 김학 교수님께 감사를 드립니다.

수고해 주신 신아출판사 서정환 사장님과 직원들께 감사드립니다.

이번에도 자기 일 다 제쳐놓고 항상 곁에서 딸같이 보살펴 주었던 김미자 선생님, 꼼꼼히 읽어보고 선별해 준 정성, 고마움 말로 다할 수 없습니다.

저를 믿고 우리 약국 문을 두드렸던 옛 서낭당 주민들께 큰절을 올립니다.

묵묵히 지켜봐 준 내 자식들에게도 고마움을 전합니다.

서낭당 고갯마루에서
2011. 12월 마지막 날
옛 신진약국 약사 惠堂 공순혜

1부 봄 마중

2부 어느 여름날의 꿈

3부 가을이 오는 소리

4부 눈 내리는 날

역사는 말해준다

우리는 무엇으로 사는가!

1부

봄 마중

아주 특별한 택배

"어머니, 희정인데요. 곧 택배 도착할 테니 집에 계세요."

딸 수현이가 보낸 택배를 풀어보고 있을 때 며느리의 전화가 걸려왔다.

5월은 가정의 달이다. 전화를 받고, 택배를 받고 보내고 정신없이 바쁘고 기분 좋고 즐거운 달이다. 연초록 잎들도 산으로 들로 나오라고 손짓한다. 그래서 갈 곳도 많다.

며칠 전 서울 남산, 북악 스카이웨이, 구리시 검암산 밑 동구릉, 남양주에 있는 수종사, 강원도 춘천시의 남이섬, 홍천 수타사, 오봉산에 안겨 소양댐에 그림같이 어울리는 청평사 등에 다녀왔다. 청평사 가는 길엔 소나무, 상수리나무, 굴참나무가 숲을 이뤄 우리 산하의 아름다움과 자연의 숨결을 만끽할 수 있었다.

성당 올라가는 길가 초라한 담장에 장미꽃이 화사하게 피어 그 빨간 선홍빛으로 미소를 짓고 있다. 우리 집 골목길 화선이 형님

네 집 울타리 너머에도 파리똥이 빨갛게 익어가고, 목소리 큰 할머니 집 녹슨 양철 대문 위에도 장미는 진한 향기를 내며 장미 정원을 만들고 있다. 앞집 새댁 울안에도 석류꽃이 작은 아씨들 모임인 양 대롱대롱 매달려 있다.

잎과 꽃들이 자태를 뽐내는 이 5월에 자식들에게서 온 택배를 풀어보는 재미는 쏠쏠하다. 딸 수현이는 작은 장미꽃 모양의 비누를 한 상자 가득 보냈다. 장미꽃 향기가 나는 비누로 항상 깨끗이 씻고 다니라며 하트 모양의 장난감에 '엄마 사랑해요, 오래오래 건강하게 사세요.' 라는 편지와 함께 약간의 용돈도 함께 보냈다. 점심때가 되어 식사라도 해보려고 이것저것 챙기고 있는데 인터폰이 울렸다. "누구세요?" 하니 "택배요." 했다. 며느리 희정이가 보낸 택배인 것 같은데 택배원 목소리가 앳된 여자 목소리였다. 순간 경제가 어려우니 여자도 택배를 하나 보다 생각하며 문을 열었다. 그런데 이게 웬일인가? 며느리 희정이가 서 있지 않은가?

항상 시간에 쫓기고 전주에 한번 오려면 몇 주 전부터 스케줄을 조정해야 하는 며느리가 저 혼자 전주에 온다는 것은 생각도 못한 일이다.

양손 가득 든 물건들을 내려놓고 '어머니 택배요!' 하며 내 품에 안겼다. "어머니! 아들이 안 와서 섭섭하시지요?" 하며 정환이는 스케줄 조정이 안 돼서 저 혼자 왔다며 미안한 표정을 지었다. 이 시어머니는 며느리하고 단둘이 데이트를 얼마나 원했는데 오늘에야 이루어졌구나 하며 우리는 회포를 풀었다.

오늘 나는 세상에서 가장 소중하고 귀한 택배를 받았다. 꽃들이 만발하여 눈부신 화원을 만든다 해도 어찌 사람 꽃에 비하겠는가. 사람보다 더 예쁜 꽃은 없다.

우리는 백화점엘 갔다. 가는 도중 차 안에서 희정이는 어머니는 언제 책을 만들어 출판기념회를 하실 계획이냐고 물었다. 앞에 앉은 택시 기사분이 글을 쓰느냐며 자기가 요새 최명희의 소설 『혼불』을 읽는데 '눈이 소살소살 내리고 있다.'라는 구절이 있어 국어사전을 찾아봐도 나오지 않는다며 무슨 뜻이냐고 물었다. 무식無識하면 용감하다고 했던가? 눈이 조금씩 살살 오는 모습을 작가가 의성어擬聲語 표기법으로 쓴 것 같다며 내 딴엔 그럴싸하게 설명을 했다. 기사는 역시 글 쓰는 분이라 잘 아신다며 만족해했다.

며느리는 시어머니가 자랑스러운 듯 등단한 작가라며 고창 시상식 때의 이야기를 신나게 소개하였다. 어설픈 글을 쓰는 나는 민망하기만 했다. 이렇게 우리의 데이트는 택시기사까지 동참한 가운데 5월의 푸름같이 생기가 넘치며 즐겁기만 했다. 쇼핑이 끝나고 며느리는 수원으로 가면서 나에게 카드 한 장을 건네주었다.

> 어머니 안녕하세요? 희정이에요. 오늘은 어버이날입니다. 주중週中이라 오늘은 전화만 드리고 주말에 찾아뵈려고요. 저는 다행히 스케줄 조정이 되었는데 정환 씨는 어려울 것 같아요. 정환 씨 못 찾아뵈어도 조금만 섭섭해하세요. 큰 미래를 위해서 힘쓰고 있다고 생각해 주실 거라고 믿어요.
>
> 제가 전주에 가서 서프라이즈 해드리면 얼마나 기뻐하실지 너무 기대가 돼요. 어제 늦게까지 통화해서 오늘 일부러 오후에 연락드렸는데 선물만 보낸다고 하니 섭섭해하시는 것 같아서 전주에

갈 거라고 말씀드리고 싶었지만 꾸욱~ 참았습니다. 가서 기쁘게 해드리려고요.

어머니, 혹시 눈치채셨어요? 제가 주말 스케줄 계속 체크해서 갔는데 혹시 안 계시거나 바쁘신 일 있으실까 봐 얼마나 마음을 졸였는지……. 지난주부터 홍삼도 골라보고 같이 공부하는 회원들과 나누어 드시면 좋을 것 같은 떡도 주문했습니다. 물론 용돈도 많이 드려야죠. 어머니가 좋아하시는 예쁜 장미꽃 화분도 가져갈게요. 감사드릴 수 있는 어머니가 계셔서 행복합니다. 어머니 사랑합니다!

– 희정 올림

나는 너무 행복해서 눈물이 쏟아질 것 같았다. 성실하고 지혜롭고 슬기롭고 센스 있는 며느리를 보내주신 하느님께 두 손 모아 감사를 드린다. 특별한 택배를 보내준 우리 며느리 희정아! 사랑한다!

(2009. 5. 9.)

내 꿈이 이루어지던 날

골목 안 여기저기서 개 짖는 소리와 할머니를 부르는 소리로 소란스러웠다. 사람 사는 동네 같은 분위기였다. 우리 외손녀 희지와 외손자 태웅이가 들이닥친 시간이었다. 손자손녀들은 골목 어귀에서부터 할머니를 부르기 시작했다. 왔다간 지가 꽤 오래되어서인지 이번에는 더 떠들썩하고 개들이 오랜만에 찾아온 외지 손님을 맞이하느라 더 짖어댄 것 같다. 고요했던 집안이 시끌벅적했다. 애들이 좋아하는 음식을 차리랴, 요구사항 심부름하랴, 또 백년손님인 사위와 나에겐 평생 공주인 딸을 대접하랴, 쿵쾅거리며 뛰어노는 아이들의 소리, 강아지 복돌이와 장난을 치는 소리, TV소리, 그렇지 않아도 나이가 들면서 건망증이 심해지는데 시끄러워서 무엇을 어디에 두었는지 찾는 시간이 더 걸렸다. 일단 배불리 먹여야 했다.

애들에겐 맵거나 짜지 않게 야채와 고기를 적당히 배분하여 입맛에 맞추어 먹을거리를 주었다. 백년손님은 뭐니뭐니해도 술부터 한잔 주어야 했다. 장모가 손수 담근 술을 좋아하니 나는 없는 솜씨지만 한껏 솜씨를 내 담가두었던 복분자주를 주었다. 좋은 술을 많이 마셔보았지만 어머님이 담근 복분자주가 제일이라며 몇 잔을 들이켰다. 영주 부석사에 갔을 때 산에서 캔 더덕이라기에 조금 사온 더덕구이를 안주로 곁들였더니 안주도 어머님이 만들어주신 것이 제일 맛있다고 칭찬해줘 기분이 좋았다. 딸 역시 어머니의 음식이 먹고 싶어 병이 났었는데 이제 다 나았다며 "그래, 이 맛이야!"를 연발하며 먹어댔다. 자식들의 먹는 모습을 바라보니 그간의 수고는 다 잊어버리고 흐뭇하고 행복했다. 한참 온갖 수선과 수다를 떨며 먹어대더니 이제 어지간히 양이 찬 모양이었다.

그때 올해 중학교에 입학한 외손녀 희지가 피아노 앞으로 가더니 「소녀의 기도」를 치기 시작했다. 「엘리제를 위하여」(베토벤), 「결혼행진곡」 등 옛날 30여 년 전 저희 엄마가 앉아서 쳤던 그 자리에 앉아 그 피아노를 치고 있었다. 복분자주 몇 잔에 불콰해진 사위는 대견스럽고 사랑스럽다는 표정으로 세상에 제 딸 하나뿐인 양 행복해했다.

저희 엄마는 흐뭇하고 귀엽다는 듯 행복한 미소를 짓고 있었다. 나 역시 이제 여한이 없어 꽃상여를 타고 하늘나라로 훠이훠이 떠나도 미련이 없을 것 같은 행복한 순간이었다.

외손녀인 희지도 마지막 「웨딩마치」를 칠 때에는 제가 공주가 되어 어느 멋진 왕자님과 손을 잡고 주례 앞으로 걸어가는 꿈을 꾸며 행복해했겠지 싶다. 우린 모두 각자 상상의 나래 속에서 행복해하며 희지의 피아노 연주에 빠져들었다. 15년 전 딸은 결혼할 때 이 피아노를 가져가고자 했었다. 그러나 나는 새로 나온 피아노를 사주었다.

내게는 꿈이 있었기 때문이다. 세월이 흐른 뒤 딸이 그랬듯 손녀가 내 집에 왔을 때 나를 위해 내가 좋아하는 음악을 연주해 주기 바랐다. 드디어 오늘이 그날이 되었다. 제 엄마가 귀띔을 해주었는지, 아니면 그 나이에는 그 곡들을 좋아하는지 알 수는 없지만 연주해 준 곡목도 제 엄마가 그 나이 때 나에게 들려준 곡들이었다.

나는 이제 아주 작은 꿈을 이루었다. 아니 어쩌면 그것이 나의 큰 꿈이었는지도 모른다. 나는 이제 과유불급過猶不及이라 더 큰 욕심을 부리지 말아야 한다. 대를 이어 손녀가 딸이 들려주었던 그 곡들을 연주해 주었는데 무엇을 더 바라랴.

딸이 중학교에 입학한 봄, 부드러운 햇살이 창문으로 들어온 어느 일요일, 내가 너무 피곤해 보이니 잠깐 쉬라며 피아노 앞에 앉아 지금 희지가 들려준 곡들을 연주해주었다. 무거웠던 몸이 가벼워졌고 마음도 상쾌해져 다시 일을 할 수 있는 힘이 생겼다. 그렇게 감동스러웠고 행복했었다. 언제나 지쳐 쓰러지려고 할 땐 딸의 피아노 연주로 일어났었다. 이제 30여 년이 흘러 그 애의 딸이 늙어서 쓸쓸하고 초라해진 나를 고운 나비로 만들어 주려고 한다. 이런 자녀들과 함께 시간을 보낼 수 있도록 허락하여 주신 하느님께 감사드린다.

인간은 자기 의지와는 정반대의 길을 걷는 경우도 많다. 누구도 원망할 수 없는 신神의 의지에 의해서다. 겸손한 자세로 살아갈 수밖에 없다.

이제 살 만큼 산 나이이고 짐도 없어 몸도 가벼워졌으니 훨훨 떠나도 좋다. 고故 박경리 선생님도 늙어서 이리 편안해졌으니 버리고 갈 것만 남아 홀가분하다고 하셨다. 공감이 가는 이야기다. 가보고 싶은 곳도 거의 다니며 세상 구경도 대충은 했으니 여한도 없다.

젊을 때에야 누구나 다 하는 고생이다. 그러나 가는 길이 평탄하면 그걸로 잘 살다간 인생이라고 위로하고 싶다. 오늘밤 모두에게 행복을 안겨준 우리 외손녀 희지의 피아노 연주의 추억만으로도 나는 충분히 행복하게 잘 살다간 인생이었노라고 말하고 싶다.

(2008. 5. 4.)

클래식과 함께한 새해 새 아침

밝은 햇살이 물밀듯이 거실로 밀려들어 온다. 어디선가 까치 소리라도 들릴 듯 상서로운 기운이 펼쳐진 아침이다. 마당 동백나무에는 아직도 눈이 얹혀 있는데, 금방이라도 봄의 전령사가 문을 두드릴 것 같다.

때마침 KBS-FM에서는 베토벤 교향곡 6번 「전원」이 울려 퍼지고 있다. 나는 베토벤이 시냇가에서 「전원」을 작곡하고 있는 그림을 보고 있다. 그림은 나무와 풀이 우거진 시냇가에 베토벤이 힘없이 털썩 주저앉아 한 손에는 연필 또 다른 한 손에는 악보를 들고 있다. 그 옆으론 한가로운 양 떼와 모자를 쓰고 바구니를 옆에 끼고 나뭇가지를 든 예쁜 아가씨 같은 목동이 서 있고, 저 멀리 언덕 위에는 성당이 있다. 고즈넉하고 평화로운 광경이다.

실제로 1823년 베토벤이 귓병을 앓고 있을 때 다뉴브 강의 오른쪽 하일리겐 슈타트에서 휴양하고 있을 때 소풍을 자주 나갔으며 그때 시냇가에서 이 「전원」의 악장이 떠올랐다고 한다.

1악장은 전원에 도착했을 때 느끼는 상쾌한 기분을, 2악장은 시냇가의 정경을 '나이팅게일과 지빠귀 새가 주위를 날아다녔지.' 하고 표현했으며, 3악장은 시골 사람들의 즐거운 모임 광경, 4악장은 소나기와 폭풍이 몰아치는 모습을, 5악장은 폭풍이 지나간 후 기쁨과 감사의 목가적인 풍경을 작곡했다 한다.

새해 첫날 새 아침과 잘 맞는 곡인 것 같다. 베토벤은 1770년 독일 라인 강 가 '본'에서 태어났다. 1792년 오스트리아 '빈'으로 가 작곡에 전념하여 제5번 「운명」, 6번 「전원」, 9번 「합창」 등의 19c~20c에 걸쳐 불후의 명교향곡을 만들었다.

청각을 잃어 음악가로서는 치명적인 상처를 받았으나 이를 극복하고 명곡들을 작곡한 정신력과 집념을 보여준 그 모습이 사람들에게 깊은 감명을 준 음악가이다. 주위에 그를 흠모하는 여성들이 많았으나 평생 독신으로 살았다 한다.

한 해를 마감하는 12월 마지막 밤인 어젯밤 자정에는 베토벤 마지막 교향곡 9번 「합창」이 KBS교향악단 상임지휘자였던 키타엔코의 지휘로 인천오페라합창단과 함께 연주되었다. 웅장하면서 경건한 이 9번 교향곡 「합창」은 4악장 「환희의 송가」에서 실러의 시 '오, 친구여 이런 음을 말고 좀 더 즐거운 음에 소리 맞추세. 좀 더 즐거움에' 라고 노래하며 환희의 세계가 펼쳐져 모든 인류가 하나 되어 평화롭게 지내자는 내용이다. 절망 이후에 찾아오는 첫 새벽의 기쁨을 표현한 곡으로 송년의 밤에 연주되는 단골 레퍼토리다.

이외에 요한 슈트라우스 2세의 「박쥐」 서곡도 꼭 연주되는 곡이다. 이 곡은 1874년 '빈'에서 초연되었으며 섣달 그믐날 밤에 일어난 사건을 내용으로 한 곡으로 사람의 마음을 들뜨게 하는 경쾌하고 즐거운 왈츠곡이다. 2막에 나오는 장소는 러시아 귀족 오를로프스키 공작 집 파티장에서 팔케 박사와 함께 파티장에 온 아이젠 슈타인 백작이 가면을 쓴 백작 부인 로잘린을 자기 부인인 줄 모르고 유혹하는 해프닝이 벌어진 장면을 노래하는 재미있고 유머러스한 곡이다.

사람은 누구나 완전하지 못하다. 내 잘못을 인정하고 남의 허물을 용서해주자는 메시지를 가진 곡이다. 송년의 밤에 딱 어울리는 곡이다. 바이올니스트 김지연의 사라사테의 「찌고이네르바이젠」 연주는 2002년 예술의 전당 콘서트홀에서 「카치니 아베마리아」와 헨델의 「울게 하소서」의 연주회 때 보았던 맑고 앳된 숙녀의 티를 벗고 성숙하고 우아한 기품이 넘치는 섬세하고 부드러운 연주였다. 앵콜 곡 「예스터데이」는 내일을 기약해주는 차분한 분위기였다.

그 밖에 하프 연주가 돋보이는 차이콥스키의 「호두까기인형」 중 「꽃의 왈츠」도 연주되었다.

끝 곡인 요한 슈트라우스 1세의 곡인 「라데츠키 행진곡」은 라데츠키 장군의 개선 축하파티에서 연주된 곡으로 힘이 나는 경쾌한 곡이다. 이 곡을 들으면 손뼉이 저절로 쳐진다. 관람객 모두와 함께 즐겁게 연주회를 마감하기에는 아주 좋은 곡이다.

나도 1997년 가을 세종문화회관에서 주빈메타가 지휘하는 이스라엘필하모닉 오케스트와 협연한 첼리스트 장한나 연주회와, 2003년 4월 1일에 서울 상암구장에서 역시 주빈메타가 지휘한 빈

필하모닉오케스트라와 협연한 바이올리니스트 장영주, 사라사테 카르멘판타지 연주회 때 앵콜곡으로 「라데츠키 행진곡」이 연주될 때 신나게 손뼉을 쳤던 기억이 생생하다.

특히 2003년 상암구장 장영주 연주회 때는 2002년 월드컵 열기가 가시지 않은 상암구장이었기 때문에 관람객과 빈오케스트라단과 지휘자 주빈메타는 모두 붉은악마 응원단이 되었었다.

지휘자 주빈메타는 붉은악마 티셔츠를 입고 오케스트라 단원은 붉은악마 머플러를 하고 우리나라 애국가와 오스트리아 국가와 월드컵 노래를 연주해 함께 손뼉을 치며 신나고 즐거운 시간을 가졌었다.

주빈메타는 인도인이다. 40여 년 이스라엘 필하모닉오케스트라 상임지휘자가 되어 동양 특유의 힘과 안정감 있는 지휘를 한다. 나는 주빈메타가 지휘하는 연주를 즐긴다.

클래식 음악으로 지난해를 마감하고 새로 시작하는 올 한 해엔 처음 시작과 같이 시냇가에서 숲 속의 맑은 공기와 새소리를 여유 있게 들으며 맑고 고운 자연의 이야기를 마음껏 글로 썼으면 좋겠다.

그리고 또 한 해를 마감할 때 남의 허물은 용서하고 내 잘못은 부끄러워하고 반성하면서 거듭나는 삶 속에서 경건하게 평화와 환희의 송가를 부를 수 있기를 기원해 본다.

(2010. 새해 아침에)

봄 마중

잔설殘雪이 흩뿌려지고 삭풍이 불어도 정녕 봄은 오는가 보다. 입춘 전후가 되면 그는 어김없이 고개를 내밀고 보아달라고 눈짓을 한다. 신의信義를 꼭 지키고 약속을 어기지 않는다. 군자 같은 풍모다. 나는 그와 만날 때 한없는 설렘과 기쁨과 감격으로 생명의 환희를 만끽한다. 20여 년이 넘었건만 한 해도 거른 적 없이 때맞춰 가까운 우리 집 거실에서 봄 마중을 하게 만든다.

생명이 있는 것은 다 아름답다. 그는 화사한 봄차림으로 나에게 생기를 돋게 하고 우중충했던 겨울옷을 벗게 해준다. 크지도 작지도 않은 키에 늘 푸른 모습으로 사시사철 내 곁에 있다. 그것은 그이가 남겨준 보물이다.

남겨준 이의 애틋한 정과 그리움이 더해져 아침에 눈을 뜨면 맨 먼저 인사를 건넨다. 새해가 오고 1월이 가고 2월이 되면 나는 더 눈[目]을 맞추려고 일어나자마자 베란다 문을 열고 쳐다본다.

입춘立春이 가까이 오면 배가 불러오다 어느 날 갑자기 고개를 쑥 내민다. 나는 그 순간을 놓치지 않으려고 목을 빼고 기다린다. 사람이나 기계도 실수를 하고 고장이 날 수도 있다. 그러나 이 보물은 20년을 훨씬 넘도록 한 번도 고장이 나거나 실수를 한 적이 없다. 날짜도 어기지 않는다. 이름은 그저 붙여지는 것이 아닌 것 같다. 꼭 이름값을 한다.

꽃 중의 꽃 군자란! 멀리 가지 않고 가만히 앉아서 일찍 봄 마중을 시켜주는 이 군자란을 나는 자식 다음으로 아낀다. 후일 쓸쓸해 할 나를 위해 정성들여 만들어 준 남편의 사랑이 묻은 이 화분은 잔설殘雪이 녹기도 전 화사한 봄빛으로 나를 행복하게 해주고 생명의 경이와 신비를 다시 한 번 느끼게 해준다.

작년에는 며느리가 만들어준 감자 순이 올라온 유리접시와 함께 봄맞이를 했었다. 이제 며칠 지나면 설 명절이다. 올해는 며늘애가 또 어떤 봄을 가지고 올지 기다려진다. 며느리 희정이는 센스가 있다. 내가 꽃 화분을 좋아하는 걸 알고 전주에 올 때는 꼭 작은 꽃 화분 하나씩을 들고 온다. 멀리 가지 않아도 봄 마중을 하게 만들어 준 남편과 며느리에게 고마움을 전한다.

맹자는 고자상告子上14에서 '사람은 자기 몸에 대해서는 어느 것이나 다 사랑한다. 어느 것이나 다 똑같이 사랑하면 기르는 것도 똑같이 한다. 잘 기르고 잘못 기름을 상고(살펴봄)하는 것이 어찌 다른 것이 있겠는가?'라고 말했다.

모든 생명이 있는 것은 자기 몸과 같이 사랑하고 잘 가꾸어야 한다는 애정과 도리를 가르쳤다. 요즘 생명경시 풍조는 끔찍한 일들을 연출한다. 부모는 자식을 버리고 자식은 부모를 모욕하며 내치고, 인륜人倫의 끝이 어디까지 갈 것인지 무서운 세상이다.

뒤쪽 창문을 열어보니 작년 가을에 파종한 텃밭의 마늘 싹도 겨우내 움츠리고 있더니 봄소식을 전해 들었는지 기지개를 켜며 파릇한 몸짓으로 곧 주인에게 성찬盛饌을 차려 주겠다고 미소를 짓는다.

만물이 소생하는 이 봄에 따뜻한 연민의 정과 생명에 대한 감사한 마음으로 봄을 마중하려고 한다.

(2010. 2. 6.)

작은 화원

우리 집에는 이십 년이 다 된 군자란 화분 세 개가 있다.

내 보물 2호다. 이른 봄이면 잎사귀 사이에서 수줍은 듯 파란 싹이 뾰족이 얼굴을 내민다. 그럴 때의 귀여움이란 이루 말할 수가 없다. 강인한 생명력의 감격과 환희가 겹친다. 추운 겨울밤 보일러를 돌리지 않아 추울 터인데도 잘 견디고, 봄이면 색깔도 고운 오렌지색 꽃을 어김없이 피워낸다. 그리고 오래도록 우리 식구들과 기쁨을 나눈다.

3년 전 약국에 있었을 때에도 봄이면 약국에 오는 손님들이 탐스럽고 요염한 그 자태에 칭찬을 아끼지 않았다. 꽃이 한 달여 피었다 지고 나면 열매를 맺는다. 점점 빨갛게 되어 그 또한 보기 좋았다. 잎은 사시사철 건강하게 푸르렀다. 무엇을 주었기에 이렇게 오래도록 꽃을 피우며 싱싱하냐며 보는 사람들마다 감탄을 했다. 내가 약을 다루는 약사이니 무슨 특별한 약을 먹인 줄 아는 모양이었다.

그러나 나는 결코 약을 먹인 적이 없다. 일 년에 한 번씩 한약 찌꺼기를 주었을 뿐이다. 그런데도 군자란은 군자같이 말 한 마디 없이 이십 년을 버티며 해마다 봄이면 탐스러운 꽃을 피워냈다. 너무도 대견하고 사랑스러웠다.

지금부터 이십여 년 전 우리 정환이가 중학교에 입학했을 때 환경정리에 도움이 되라고 학교에 보냈던 화분을 2학년이 되면서 돌려받아서 놓아 둔 것이 새끼를 쳐 지금은 화분이 세 개가 되었다.

희뿌옇게 먼지를 뒤집어쓸 때면 나는 코 묻은 우리 정환이 얼굴을 닦아주듯 정성스레 닦아준다. 잎사귀를 닦을 때면 마음이 차분해지고 옛일이 떠오른다. 정환이 아빠도 이 화분들을 무척 아껴서 분갈이를 몇 번이나 정성스레 해주었다. 그리고 봄이 되어 꽃이 피어나면 행여 다칠세라 멀리서 바라본다.

우리 집 마당 작은 화원에는 지금 또 동백꽃이 빨간색 꽃봉오리들을 터트리는가 하면, 또 뚝뚝 떨어진 봉오리들도 있다. 동백은 그 모습이 단정하고 깔끔해서 보기 좋다.

홍매화는 아기의 새끼손톱처럼 작고 앙증맞다. 소나무는 낮고 둥그스름하게 서 있지만 청정한 모습이 학이라도 한 마리 날아와 앉을 것 같은 모습이다. 꽃봉오리가 올라오려는 철쭉도 봄의 생동감을 느끼기에 충분하다. 나는 앞으로 이 봄꽃들의 향연을 몇 번이나 더 감상할 수 있을지 생각해 보곤 한다.

코흘리개 우리 정환이가 언제 커 어른이 될지 아득하기만 했는데, 이제는 어엿한 의사 선생님이 되어 몸이 조금만 안 좋아도 전화를 해댄다. 어떻게 하면 좋아지겠느냐고. 이제는 내가 어린 아이가 되고, 우리 정환이가 어른인 것 같다. 세월의 흐름은 봄이 와도 나를 즐겁게 하지만은 않는 것 같다. 오늘도 거실 의자에 앉아 마당의 꽃들을 보며 정신없이 바쁘게만 살아왔던 옛날의 상념에 빠져든다.

(2007. 3. 23.)

병아리와 감자 순

봄은 우리 집 거실에서부터 오는 것 같다. 군자란에 꽃봉오리가 올라오고 있다. 감자 줄기에서도 새순이 뾰족뾰족 나오고 있다. 2월이 되면 나는 군자란 꽃봉오리가 올라오기를 기다린다. 그러던 어느 날, 꽃봉오리가 살며시 고개를 내밀었다. 이 생명의 환희, 감격! 나는 해마다 군자란 꽃봉오리가 얼굴을 내밀 때면 더할 수 없는 감탄과 감동을 받는다.

새로 태어난다는 것은 떨림이다. 시작이고 희망이다. 그리고 무한대이다. 창조創造에는 동물이나 식물에 구분이 없다. 엄마가 아기를 안고 병원 문을 나서는 모습은 거룩하다. 얼마나 성스럽고 따뜻하고 풋풋한가. 강아지를 보라. 올망졸망 모여 서로 어미 젖을 먹겠다고 달라붙어 있는 모습은 또 얼마나 귀여운가. 꽃봉오리가 올라오는 꽃대는 자연의 신비다. 그 추운 겨울을 이겨내고 봄빛이 비칠라치면 꽃과 향을 피워내려고 꽃대를 올린다. 올해 우리 집 군자란은 분盆마다 꽃대를 두 대씩 올리고 있어서 더 욱더 마음이 설렌다. 우리 집에 좋은 일이 있을 것만 같아서다.

저번 명절에 왔던 며느리가 지난해 우리 텃밭에서 캐온 감자를 먹고 남은 것에서 싹이 난 것을 잘라 유리그릇에 물을 붓고 담아 놓았다. 그것이 어느 날 줄기가 올라오더니 그 줄기에서 싹이 나고 잎이 피려고 했다. 거실 분위기가 한층 푸르게 봄으로 다가오는 것 같다. 줄기에 싹이 나는 모습이 꼭 병아리 주둥이같이 뾰족뾰족했다. 날마다 싹이 나오는 것을 보면 병아리가 상상된다.

아들은 초등학교 다닐 때 해마다 새 학기가 시작되면 노란 병아리를 몇 마리씩 사들고 왔다. 좁은 방인데도 상자에 담아놓고 모이를 주고, 물을 주며 야단법석을 떨었다. 항생제도 먹여봤지만 며칠을 버티지 못했다. 그러면 또 묻어준다고 수선을 떨었다. 사온 병아리는 잘 키워보고 싶은 주인의 안타까운 심정도 아랑곳없이 며칠이면 꼭 죽었다. 그 이듬해가 되면 또 어김없이 사왔다. 몇 년을 반복하더니 철이 들면서 장사치들의 얕은 속셈을 알아차렸는지, 아니면 다른 일에 정신이 팔려 바빴는지, 사들고 오지 않았다. 무엇이든 생명이 있는 것은 아름답고 애착이 간다. 부창부수夫唱婦隨*인지, 제 남편이 봄이면 병아리를 사들고 왔던 것을 어떻게 알았는지 며느리는 감자 순을 잘라 우리 집에 봄을 만들었다. 감자 순 하나도 생명의 잉태는 더 없는 기쁨을 주었고 꽃을 볼 수도 있다는 희망을 주었다. 하물며 인간의 생명은 그 무엇으로도 바꿀 수 없는 신비와 존엄성과 가능성을 갖고 있다. 그런데 누가 무슨 권리로 그 생명을 뺏을 수 있다는 말인가.

* 부창부수(夫唱婦隨) : 남편이 주장하고 아내가 이에 잘 따르는 것이 가정에 있어서의 부부 사이의 도리(domestic harmony).

요즘 TV를 보면 아연실색啞然失色*하지 않을 수 없다. 몇 사람의 생명을 뺏고도 그 뻔뻔함이란 아예 선과 악善과 惡이란 개념조차 상실한 지 오래인 것 같아 안타깝다. 생명에 대한 경외심은 아무리 강조해도 부족하다.

맹자孟子는 고자告子 (上-12, 14)에서 무명지가 굽어서 펴지지 않는 이가 있다면 아파서 일에 지장이 있는 것은 아니지만 만일 그것을 펼 수 있는 사람이 있다면 진秦나라나 초楚나라 길이라도 멀다 아니하고 찾아가라 했다. 그리고 사람은 자기 몸에 대해서는 다 사랑한다. 어느 것이나 다 똑같이 사랑하면 기르는 것도 한 자 한 치無尺寸의 살이라도 사랑하라 했다.

모든 악惡은 하지 말아야 할 일을 하는 데서, 욕심을 부려서는 안 될 일을 하는 데서 생기니 사람은 마땅히 이 같은 일을 하지 말아야 한다고 했다. 무위기소불위 무욕기소불욕 여차이이의 진심상無爲基所不爲 無欲基所不欲 如此而已矣 盡心上-17에 나오는 말이다. 자기에게 필요한 것을 구求하고자 하는 데서도 악惡은 시작된다. 구하는 데도 방법이 있고 얻는 데도 천명이 있으며 구하는 일은 얻는 데 무익하니 나의 밖에 있는 것을 구하기 때문이라 했다.(진심상盡心上-3)

각자 자기 분수에 맞지 않는 것은 바라지 말며 가지려 하거나 구하지 않으면 두려움과 공포의 세상에서 벗어날 수 있으리라. 부디 올봄에는 병아리와 감자 순 같은 따뜻하고 사랑스러운 이야기만 있었으면 좋겠다.

(2009. 2. 20.『전주중앙안과』통권 97호 게재)

---

* 아연(啞然) : 놀라 입을 벌린 모양.
실색(失色) : 놀라서 얼굴빛이 변함(losing one's colour).

봄날은 다시 오는가

어제는 바람이 몹시 불었다. 봄볕이 완연한 한벽당寒碧堂 밑으로는 맑은 물이 흐르고, 물가에는 이름 모를 봄꽃들이 피어 있다. 혹독한 겨울 뒤에도 봄이 온다는 계절의 이치를 일깨워 주는 듯하다.

몇몇 문우들과 함께 한벽루 아래 화순집에서 쏘가리매운탕으로 식사를 하고, 한옥마을 다실茶室에서 빛깔이 고운 황차를 마시며 대화를 나누었다. 쑥스러워 차마 말하지 못했던 추억 속의 옛이야기와 작금의 웃겼던 사연, 갈등, 번민 등을 털어놓으며 한나절을 보내고 나니 그동안 쌓였던 겨울의 때가 말끔히 씻긴 듯했다.

오늘은 부드러운 봄 햇살이 나를 집 안에 가만히 있게 하질 않았다. 용기를 내어 학교운동장으로 갔다. 얼마나 밟아 보고 싶었던 흙인가? 봄 속살같이 부드럽고 감미로운 흙이 발걸음을 가볍게 했다. 교통사고를 당한 뒤 처음 밟아보는 땅은 맑고 고운 아기의 피부같이 말할 수 없는 희열 속으로 나를 끌어들였다.

태어나 처음 걸음마를 배우며 흙을 장난감인 양 손에 쥐어보고 발로 굴러보았던 시절로 돌아간 듯 감격스러웠다. 사람은 흙을 밟지 않고는 생명을 부지할 수가 없다.

흙, 바람, 나무, 맑은 공기 등 자연이 주는 것으로 우리의 생명을 살리고 정신을 일깨워 준다. 그러나 자연은 셈하기를 바라지 않는다. 금방 머리가 맑아지고 몸이 가벼워지는 느낌이었다.

운동장에는 풋풋한 어린 학생들이 공을 차며 마음껏 뛰어놀고 있었다. 이 역시 봄의 축제다. 봄은 생명의 잉태와 활기를 가져다 준다. 정원에는 노란 수선화가 수줍은 새색시처럼 피어 있다. 운동장 다섯 바퀴를 돌고 스트레칭도 하고 나니 몸이 생기를 찾고 소생하는 것 같은 느낌이었다.

이 찬란한 봄이 아니었으면 나는 언제까지 잘 걷지 못했을지도 모른다. 계절을 운영運營하시는 신神께 한없는 경배와 감사를 드리고 싶다. 집에 오니 텃밭을 가꾸어 주는 형님이 쑥과 머위를 뜯어 주며 쑥국을 끓이고 머위 나물을 무쳐먹고 기운을 내서 산으로 들로 꽃구경을 가자고 한다. 뜯어준 쑥과 머위에서는 봄내음이 물씬 풍겼다. 다정한 형님의 둥글고 넓은 마음이 합쳐져 봄이 더 가까이 온 것 같다. 내일 아침 우리 밥상에는 봄의 향연이 펼쳐질 것이다. 그리고 나는 힘이 나서 내일도 학교운동장 흙을 밟으러 나갈 것이다. 내가 이 봄에 흙을 밟으며 걸을 수 있다니 꿈을 꾸고 있는 듯 믿어지지 않는다. 오늘은 사고를 당한 뒤 만 8개월이 되는 날이다.

마음의 보따리를 풀어놓고 흙을 밟으며 인정 많은 형님의 봄 마음까지 먹었으니 하루에 일용할 행복의 양식으로는 충분한 것 같다.

앞마당의 붉은 동백꽃은 겨울을 이겨내고 봄 햇살을 받으며 파란 하늘에 수繡를 놓듯 화사하게 피어나고 있다. 저 붉은 동백꽃을 다시 보게 되다니, 이게 정녕 꿈은 아니겠지?

(2011. 4. 12.)

민들레를 좋아하는 여자

오늘 아침 복돌이 밥을 주려는데 마당 한가운데 서 있는 소나무 밑에 초롱초롱한 새벽별 같은 노란 민들레 꽃 한 송이가 함초롬히 피어 있었다. 민들레 꽃은 새벽에 먼동이 트면서 가장 먼저 꽃을 피우는 부지런한 꽃이다. 어두워지거나 비가 오려 하면 꽃잎을 닫는 분별력을 가진 꽃, 어느 부잣집 대 저택의 잘 꾸며놓은 정원에 피는 꽃이 아니라 서민들이 밟고 다니는 길가나 텃밭, 마당 한귀퉁이, 산등성이에서 저만치 떨어져 혼자 피는 꽃이다.

그래도 예의는 지켜 한 대궁씩 기다렸다 차례대로 핀다. 꽃이 지면 홀씨가 되어 누구의 도움도 받지 않고 바람을 타고 멀리 날아가 스스로 번식할 정도로 자생력이 강한 꽃이다. 밟혀도 끝내 다시 살아나는 인내심 강한 꽃이다. 그 잎과 뿌리는 사람에게 약이 된다.

뿌리에 들어 있는 비타민 B_2라는 콜린 성분은 간 기능 개선제가 되고 이눌린은 혈당을 조절해 준다. 잎을 자르면 어머니 젖처럼 하얀 진액이 나온다. 어머니의 젖이 자식을 기르듯 우리 몸의 혈액순환이 잘되어 싱싱하고 건강하게 해 주는 자애로움을 가진 꽃이다.

민들레는 전설이 있는 꽃이다.

옛날 노아의 홍수 때 물이 차오르는데 발이 빠지지 않아 민들레만 도망을 가지 못하자 너무 무서워 머리가 하얗게 세어 버렸다. 구원의 기도를 드리자 하느님이 가엾게 여겨 그 씨앗을 바람에 날려 산 중턱 양지바른 곳에 옮겨 피게 해주었다. 하느님의 은혜에 감사하여 오늘날까지 얼굴을 들어 하늘을 우러러보며 착한 일을 하며 살게 되었다고 한다.

또 하나 옛날 어느 나라 임금님이 별들로부터 평생 단 한 번만 명령을 내릴 수 있는 운명을 받자

"하늘의 별들이여, 다 떨어져라!"

했다 한다. 그러자 별이 땅에 떨어져 노란색의 작은 꽃이 되고 임금님은 양치기로 변하여 민들레 꽃 위로 양 떼들을 몰고 다니게 되었다고 한다.

전설은 믿거나 말거나 아침에 일찍 피어 있는 민들레 꽃은 꼭 별을 닮은 것 같다. 몇 년 전, 바이칼 호수에 갔을 때 동토凍土의 땅이라 그런지 녹색 야채가 무척 귀했다. 삼시 돼지 바비큐 등의 고기와 양파 몇 조각이 메뉴였다. 나는 참다못해 아침 일찍 일어나 소나무와 자작나무가 어우러진 숲 속을 헤매 보았다. 그 숲 속에는 민들레가 지천으로 깔려 있는 것이 아닌가? 어찌나 반가웠던지, 그 잎을 한 움큼씩 뜯어다 고추장을 찍어 먹으면서 녹색

야채에 대한 갈증을 풀었다. 동행한 일행들은 나를 '민들레를 좋아하는 여자'라고 놀려댔다. 지금도 나는 우리 텃밭에 난 민들레 잎을 뜯어 먹는다.

오늘 아침 전북대학교 평생교육원에 가는데 전주고등학교 울타리 밑에 노란 민들레 꽃 한 송이가 피어 있었다. 노랑나비 두 마리가 서로 민들레 사랑을 받으려고 다투고 있었다. 그 모습이 어찌나 귀엽고 예쁘지 한참 동안을 바라보았다. 카메라를 갖고 있지 않아 안타까웠다. 민들레는 두 남자를 사랑하지 않는다. 한 남자만을 사랑하는 일편단심一片丹心이다. 이 또한 마음에 드는 민들레의 순결한 모습이다.

탁상용 5월 달력을 넘겼더니 민들레가 그려져 있지 않은가. 나는 5월 캘린더의 민들레를 보면서 먼동이 트기 전 일찍 일어났던 부지런한 여자, 밟혀도 다시 일어서는 인내심 강한 여자, 몸과 영혼이 아픈 사람들에게 약이 될 수 있는 쓸모 있는 사람이었던가를 이 5월에 다시 한 번 깊이 생각해본다.

(2009. 5월 중순)

행복했던 어느 하루

차창 밖으로 연초록 잎들이 무희舞姬들처럼 너울너울 춤을 춘다. 시선이 머무는 곳엔 온통 연초록 물결들이다. 나는 짙은 초록 잎보다 연초록 잎을 더 좋아한다. 갓 태어난 아기같이 맑고 순수하고 희망적이기 때문이다. 상학 마을 모악산 입구 버스 정류장에서 내렸다.

모악산 아래 단정하고 운치 있게 서 있는 전북도립미술관에 가려는 것이다. 오늘이 '아라재 소장 명춤전 보묵寶墨'의 전시 마지막 날이다. 한 달 동안 이 핑계 저 핑계로 미루다 오늘 마지막 날에야 짬을 내어 우리 집에서는 꽤 먼 거리인 이곳에 왔다. 모악산을 좋아해 가끔 왔지만 미술관에 가기는 오늘이 처음이다.

'아라재亞羅齋'는 전시 작품의 소장가 김명성金明成의 서울 안국동 소재 장서각의 당호라 한다. 문예 부흥이라는 꿈을 실현시키고자 하는 대표적인 고미술 수집가인 김명성은 조선 중기 명품 서화書

畵와 도자기 270여 점을 전시하고 있다.

김명국 「송하신선도松下神仙圖」, 겸재 정선 「고송 탁조도古松啄鳥圖」, 김홍도 「여동빈도呂洞賓圖」, 이서 「8곡병」, 황집중 「묵포도도」, 전북 서예 태두 창암 이삼만 「창암행초」 서첩 등 처음으로 공개되는 명품들과 조선시대 진귀한 도자기 67점도 전시되었다.

겸재 정선鄭敾의 관수도觀水圖는 한 노인이 나뭇잎 같은 부채를 들고 바위에 서 있는 나무 아래 앉아 세상사를 다 잊은 듯 강물을 바라보고 앉아 있는 모습이다. 근심 같은 것은 없는 양 마냥 여유롭고 낭만이 넘치는 이 시대에 보기 드문 신선함과 시적詩的분위기의 그림이어서 나도 그렇게 앉아 있고 싶었다. 겸재 정선은 조선시대 영조 때 사람으로 중국 화풍을 모방하지 않고 우리 산천을 우리 고유의 산수화풍으로 세워 진경산수眞景山水화를 창안한 분으로 필치가 굳세고 맑고 빛이 난다고 한다.

심사정沈師正의 「남양초려南陽草廬」는 들판에 초가삼간 집 주위에 단풍이 든 잔잔한 나무들이 서 있는 풍경에 초라한 집 주인인 노인이 돌다리를 걸어가는 모습이 집과 나무와 주인이 어우러져 더욱더 쓸쓸하고 허허로운 가을 분위기를 띠는 그림이다. 이 화창한 봄날에도 내 마음에 낙엽이 떨어지는 듯하다. 심사정의 호는 현재玄齋이며 조선 영조 때 사람으로 겸재 정선에게 배웠다 한다. 대륙풍의 웅장한 화풍으로 산수화에 뛰어나 간송미술관에 정선의 산수화와 함께 소장되어 있어서 감명 깊게 본 적이 있다.

단원 김홍도의 「여동빈도呂洞賓圖」는 중국 당나라 때 활동한 팔선八仙 중 한 사람인 여동빈이 어깨에 칼을 차고 큰 호수 중간 섬에 앉아 있고 한쪽에는 학 한 마리가 날아가는 풍경이다. 여동빈은 검법劍法을 배워 민중을 고통으로부터 구해주고 소원을 이루어 주는 신선으로 신앙의 대상이라 한다. 화면 한쪽에는 여동빈의 시 한 구절이 적혀 있다. '취해 바다 위 산에서 크게 노래 부르며, 표주박으로 이슬 받아 금단金丹을 빚네. 밤 깊어 학은 푸른 가을 하늘 위로 날고, 만 리에 불어오는 서풍에 검이 차갑네.' 간송미술관 전시회 때 보았던 그림이라 더 감명 깊었다.

단원檀園 김홍도金弘道는 조선 정조 때 화원으로 조선 제일의 화가다. 돈이 생기면 술을 마셔버리고 없으면 굶는 초현실적 생활로 생애를 마친 사람이다. '바람의 화원'에서 정조의 명으로 사도세자의 초상화를 그릴 때 조정 대신들의 방해를 많이 받았다.

그밖에 이정李霆의 「묵죽도墨竹圖」는 바람에 나부끼는 죽엽을 끝이 뾰족뾰족 올라오게 표현한 풍죽風竹 그림이 일품이었다. 호는 탄은으로 조선 중종 때 사람이다. 세종의 5대 세손이라 한다. 임진왜란 때 한 팔이 부러진 후 더욱 화필이 능숙해져 조선시대 3대 묵죽화가의 한 사람이라 한다.

오원吾園 장승업張承業의 「노안도십곡병蘆雁圖十曲屛」은 노후의 안락安樂을 기원하는 그림으로 수십 마리의 기러기가 바닥에 내려와 취한 여러 가지 자세와 공중에 나는 기러기 떼의 모습이 각기 다른 모습으로 그려졌다. 하지만 질서와 조화를 이룬 모습이어서 노후에 이 병풍을 바라보며 누워 있으면 편안할 것 같았다.

장승업은 조선 헌종 때 조선시대 3대 화가 중 한 사람으로 어려서 고아가 되어 남의 집 심부름꾼으로 살았기에 글자는 모르고 어깨너머로 주인 집 자제들의 그림 공부를 배워 천재적 소질로 이름이 나 특채되어 임금님 어람용御覽用 병풍을 만들어 화원畵員

이 되었다. 그러나 호방함과 얽매이기 싫어하는 기질로 도화서圖畵署에 머물지 못하고 떠돌아 다녔다 한다.

옛 선인들이 썼던 먹 향기와 붓을 가까이서 본다는 것은 큰 행운이라 할 수 있다. 이들이 세상과는 담을 쌓고 오로지 예술의 세계에 몰입하여 깊고 맑은 마음과 청빈함 속에서 풍요롭고 정제된 솜씨로 붓과 벗하여 그린 서화는 어떻게 사는 것이 예술의 경지에 다다를 수 있는가를 보여주는 좋은 본보기라 할 수 있겠다. 요즘 세속에 얽매어 상품화되고 있는 그림과 글씨들을 볼 때 눈[目]부터 이들을 거부한다.

오늘 하루는 행복한 하루가 된 것 같다. 문외한이지만 조선시대 청아한 서화들을 보는 것만으로도 마음은 풍족하고 여유롭고 투명해졌다. 전시품 구경을 마치고 모악산에 오르니 이보다 더 좋을 수 없었다. 맑은 시냇물은 졸졸 흐르고 수줍은 진달래가 반겨준다. 자연은 항상 그 자리에서 인간을 기다려 준다. 세속에서 상처받고 외롭고 힘들었던 우리를 위로해주고 치유해주어 온전한 사람으로 만들어준다.

자연과 옛 선인이 준 기쁨과 행복을 한 아름 가득 안고 가끔 오늘 같은 날이 있었으면 하는 바람으로 시내버스에 몸을 실었다.

(2009. 봄날)

5월이 오면

온 산하山河가 푸르게 번지는 5월은 우리 모두에게 기쁨과 아픔, 정情을 안겨주면서 온다. 부모님과 평소 존경했던 스승님이 생존해 계신다면 이는 기쁨이요 행운이다. 그러나 그 반대라면 허무와 쓸쓸한 느낌일 것이다. 자녀들이 기대처럼 잘해준다면 보람이자 내일來日에의 희망일 것이다. 60대쯤 된 어느 가수가 자기는 낀 세대이기 때문에 5월이 오면 수입보다 지출이 많아 손해를 봐도 정을 나눌 수 있어 기다려진다고 했다. 나도 한때는 지출이 많았으나 이제는 수입이 많은 달이기에 5월이 기다려진다. 더 기다려지는 것은 1박 2일 고적답사 때문이다. 우리나라의 골골에 숨겨진 문화재를 찾아 떠나는 5월의 여유로운 고적답사는 속세의 모든 것을 훌훌 털어버리고 타임머신을 타고 먼 옛날로의 시간여행이어서 더없이 즐겁다.

이번 답사지는 인천광역시 강화도와 인천시 일대였다. 강화도는 우리나라에서 다섯 번째로 큰 섬으로 단군이 하강하였다는 마니산 참성단摩尼山 塹星壇이 있는 민족의 성지다. 청동기문화와 거석문화巨石文化의 유적이 있고, 고종 19년 몽고의 침입으로 39년간 항전하였던 곳이다. 인조 5년(1627) 정묘호란 때는 인조가 이곳으로 피난하였고, 고종 3년(1866) 프랑스 극동함대가 침략한 병인양요와 고종 8년(1871) 미국 아세아함대가 침략한 신미양요를 겪었고, 고종 13년(1876)에는 일본의 운양호 사건으로 병자수호조약을 체결했던 곳이다. 수많은 역사적인 사건과 외침을 겪은 강화도는 섬 전체가 박물관이고 우리 조상들의 피맺힌 원한과 절규와 비명, 포성이 들리는 듯 역사의 숨결이 살아 숨쉬는 곳이다.

처음 들른 갑곶돈대는 사적 제306호로 몽고 침입 때 강화해협을 지키던 강화외성으로 병인양요 때 프랑스군과 격렬한 전투가 벌어졌던 곳이다. 조선을 굳건히 지켰던 수문장 대포가 이제는 구시대의 유물로 전시되고 있었다.

그 옆 강화역사관은 진분홍색 철쭉 꽃이 퍼레이드라도 하듯 보기 좋게 입구에 피어 있어 역사전시관이라기보다 관광지에 온 듯 쉬면서 사진을 찍고 싶은 곳이었다. 선사 시대부터 고려, 조선, 근·현대에 이르는 강화도의 역사를 4개 방에 전시해 놓아 한눈에 강화도의 역사를 볼 수 있어 좋았다.

석모도席毛島에 가려고 '새우깡'을 한 봉지 사들고 배에 올랐다. 나는 바닷가에 가면 갈매기와 친해지고 싶다. 갈매기들이 새우깡을 좋아한다 하여 한 봉지 샀다. 배에 오르자 기다렸다는 듯이 갈매기들이 달려드는데 배설물까지 찍찍 뿌려대니 친해지고 싶은 마음은 간데없고 피해 다니며 겨우 사진 몇 장을 찍느라 애를 먹었다. 친해지는 것도 정도껏 해야지 지나치니 친하지 않음만 못한 것 같았다. 사람의 마음은 간사하기 그지없다. 남해의 보리암, 동해의 홍련암紅蓮庵, 여수의 향일암과 함께 우리나라 4대 해상관음도량의 하나인 보문사普門寺를 답사했다. 보문사는 강화군 삼산면 매음리 629번지 낙가산에 있는 절로서 신라 선덕여왕 4년(635)에 희정대사가 창건하였고 중생을 구제하는 관세음보살의 원력이 광대무변함을 상징하여 보문사라 하였다 한다. 한없이 높이 올라가야 하는 270계단을 젊은 사람들을 따라 올라갔다. 낙가산 중턱 눈썹바위 아래에 새겨져 있는 마애관음좌상을 보기 위해서였다. 네모진 얼굴에 커다란 보관을 쓰고 두 손을 모아 정성스레 정병淨瓶을 받쳐든 채 연화대좌에 앉아 있었다. 높이 920㎝, 너비 330㎝에 달하는 거상巨像이었다. 얼굴에 비해 코, 입, 귀는 크고 투박스러우며 후덕해 보여 푸근하고 정감이 느껴졌다. 이마 사이에 백호白毫가 있고 가슴에는 만卍자가 새겨져 있었다. 넉넉한 인상의 이 불상 앞에서 정성으로 기도를 드리면 이루어지지 않는 소원이 없어 높은 곳에 있어도 사람들의 발길이 끊이지 않는다 했다. 기도드리는 곳이 좁아 넓히는 공사를 하고 있어서 올라가는 길이 더 험난했다. 인천광역시 유형문화재 제29호로 지정되어 있다.

보문사가 있는 산 아래 석굴이 있다. 이 석굴은 천연석굴사원으로 3개의 홍예문 안에 가로 11.3m, 세로 8m, 높이 4m의 석실 안에 석가본존불을 중심으로 30㎝ 안팎의 인도산 돌로 된 21개의 나한상이 모셔져 있었다.

보문사는 창건 14년, 매음리 한 어부가 꿈에 나타난 노승 희정대사의 당부를 받아 버린 돌 22개를 다시 건져 깨끗이 씻어 꿈에 본 이 석굴로 옮겼다. 석굴 안에는 천연의 좌대가 있어 그 위에 차례로 모셨다고 한다. 그때 모셔진 22분의 석상은 최근에 모신 것 같은 느낌이 들었다. 석굴 옆에는 조그만 샘물이 있는데 시원하고 달착지근하여 아무리 마셔도 배탈이 나지 않는다 하였다. 몇 모금을 마시고 나니 속이 시원하고 새로운 힘이 솟아나는 것 같았다. 늦은 봄 저녁노을이 지는 석모도를 뒤로하고 마니산 아래 전등사傳燈寺로 가고자 갈매기와 함께 배에 올랐다.

(2010. 5. 12.)

오랜만의 외출

좁은 공간에서의 답답함, 지방 도시의 문화적 소외감과 갈증 등이 있어서 큰 도시 서울에서 그림전시회나 연주회가 있을 때면 수시로 상경上京하여 감상했었다.

세월이 흘러 나이가 드니 기력도 없어지고 내 딴엔 못 쓰는 글이나마 좀 써보려고 하니 자연히 서울 나들이가 몇 년 동안 뜸했다. 이런 엄마가 안타까웠는지 딸 수현이가 작년 겨울부터 병원에 예약을 해놓고 건강검진 겸 그동안 잃어버렸던 문화적 감성을 살려주고자 좋은 전시회가 있으니 오시라고 독촉했다.

미국 필라델피아미술관에 소장되어 있는 '모네에서 피카소까지' 작품전시회가 예술의 전당 한가람 미술관에서 열리고 있었다. 나는 그림에 대해 문외한이다. 그러나 눈요기는 즐겨하는 편이다.

필라델피아는 미국 독립선언이 이뤄진 곳으로 미국인들에게는 마음의 고향과 같은 곳이다. 언덕에 자리잡은 미술관은 그리스신

전 같은 디자인에 현대미를 조화시킨 그레코로만 양식의 노란색 석조 건물로 1876년 만국박람회 때 건축되어 130년이 되었다 한다.

유럽 인상주의를 비롯해 동양과 서양의 컬렉션을 합쳐 25만여 점을 소장하고 있는 세계적인 문화의 전당이라 한다. 모네, 반고흐, 르누아르, 피사로, 고갱, 세잔, 피카소 등 유럽 인상주의 대표작과 20c 피카소 작품까지 세계적인 거장들의 대표작들만 전시한다.

클로드 모네의 「석양에 물든 센 강」은 노란색, 복숭아색, 핑크색으로 물든 석양의 센 강에 두 척의 배가 멀리 성城과 교회 첨탑을 배경으로 보랏빛으로 칠해진 배가 강 언덕의 무성한 갈대와 석양 색깔이 어울려 환상적인 분위기가 풍긴다.

모네는 19c 인상주의 대표적 작가로 프랑스 오르세 미술관에 소장되어 있는 「생-라자르 기차역」을 남겼다. 그 작품은 역 지붕 아래로 기차가 들어오고 기차가 내뿜는 푸른색 증기 뒤로 파리 건물들의 형체만 희미하게 보이며 역 안쪽의 사람들도 작고 희미하게 그려져 떠나고 싶은 이의 기차역에 대한 환상이 더해져 잊을 수 없는 작품이다.

파리 오랑주리 미술관에 소장되어 있는 모네의 대표작이라 할 수 있는 「수련」은 살아 움직이는 듯 물 위에 떠 있다. 수련은 구름, 꽃, 풀숲 등을 표현하며 물의 영역이 접하는 평면을 암시하는 존재가 된다 한다. 평론가들은 하루의 모든 시각이 얼굴의 주름처럼 물 위에 새겨져 있다고 했다. 이 작품들은 정작 파리에 갔을 때는 보지 못하고 2001년 2월 덕수궁 미술관에서 인상파와 근대미술 거장들의 파리 오르세 미술관에 소장된 작품들이 전시될 때 보았던 그림들로 내가 좋아하는 그림들이어서 감명 깊게 보아 잊히지 않는다.

이번에 전시된 피에르 오귀스트 르누아르 역시 대표적 인상주의 화가로 「로그랑 양의 초상」은 검은색 원피스에 흰 블라우스를 입고 아무 장식 없는 방에 청순하고 얌전하게 손을 맞잡고 서 있는 어린 소녀 초상화로서 너무 귀엽고 예뻐, 그 소녀의 모습에 반하여 넋을 놓고 초상화 옆에 서 있는 나를 딸이 카메라에 담았다. 소녀는 멋을 부려 목에 파란 스카프를 매고 금 목걸이까지 한 모습이 더 귀여웠다. 훗날 르누아르는 이 로그랑 아가씨 결혼식에도 참석했다니 특별히 로그랑 양을 예뻐한 모양이다.

그 밖에 빈센트 반 고흐의 「데이지 꽃이 있는 정물」 폴고갱, 폴세잔, 20c 거장 피카소의 「차 주전자와 컵이 있는 정물」 등 다양한 작품들이 소개되었으나 피카소의 난해한 그림은 나 같은 문외한에게는 다가갈 수 없는 그림의 떡일 뿐이다.

나는 장 프랑수아 밀레의 서정적인 그림을 좋아한다. 「만종」, 「이삭줍기」 같은 농촌의 풍경과 일하는 이들의 모습을 그렸지만 시간을 넘어 성서의 한 장면을 보는 듯 경건함과 성聖스러움을 느낀다. 「이삭줍기」의 세 여인들은 허름한 옷을 입고 힘든 일을 하는데도 그들은 성녀聖女의 모습이다.

「그레빌성당」 역시 낡고 오래된 성당 낮은 담 밑에 한 목동이 양 떼가 있는 곳으로 걸어가는 모습이다. 욕심을 버리고 낮은 곳에서 평온하게 살아가길 바라는 이 같다. 2000년 10월 덕수궁 미술관에서 보았던 작품들이다. 현재 파리 오르세 미술관에 소장되어 있다.

2003년 3월 서울시립미술관에서는 밀레의 「어머니와 아들」, 「자비심」 같은 작품들이 전시되었었다. 「어머니와 아들」은 일명 '오줌 누는 아이'라고도 한다. 세월의 흐름이 느껴지는 허름한 문 앞에서 어머니가 아들의 오줌을 누이고 있고, 그 옆에는 누나인 듯 어린 소녀가 바라보고 서 있는 이 그림은 따뜻하고 다정하고 친밀한 가족들의 모습을 보여주는 작품이다. 그들은 가난하거나 남루하게 보이지 않는다. 세상에서 가장 아름다운 모성애의 성스러움을 보여준다. 현재 루브르 미술관에 소장되어 있다.

「자비심」은 문이 조금 열린 사이로 구걸하는 사람들의 모습이 보이고 문 안쪽에는 어머니가 어린 딸과 함께 문밖 구걸하는 사람들에게 먹을 것을 건네주는, 제목과 같이 자비심이 잘 나타난 그림이다. 이런 밀레의 그림들을 보면 인간적인 고뇌를 떨쳐버리고 경건하고 성스럽게 살아가고픈 마음이 든다.

예술이란 모름지기 사람의 마음을 환상의 세계로 이끌어 이 세상에서 이루지 못한 평화와 평안을 주고 교훈까지 준다. 딸을 두면 비행기를 탄다더니, 시설 좋고 서비스 좋은 병원에서 건강도 체크하고 편안하게 지내며 보기 힘든 그림들까지 잘 감상했다. 딸 수현이는 항상 이 엄마의 감성이 건조해지지 않을까 염려하며 신경을 많이 써준다. 고마운 일이다.

오랜만에 외출하여 문화적 목마름에 목을 축이고 메말랐던 감성에 촉촉한 단비를 맞아 한결 안정되고 평화로운 마음이 되었다. 앞으로도 이런 기회가 종종 있기를 바라며 돌아왔다.

(2010. 1. 23.)

마음 단속

앞마당 동백나무는 키가 크다. 앞집 지붕 위에서 하늘을 쳐다보며 하늘거리고 있다. 그 선홍색 진한 빛이 마당을 붉은빛 바다로 만들고 갈 때도 뚝뚝 봉오리째 떨어져 꽃동산을 만든다.

1월이 오면 꽃봉오리를 맺기 시작하여 2월부터는 성질 급한 봉오리부터 하나하나 꽃을 피우다 4월이면 핏빛바다를 이룬다. 지금은 벌 몇 마리가 꿀을 만들고 싶은지 윙윙거리며 날아다닌다. 고등학교 영어교과서에 실렸던 아일랜드 더블린 샌디마운트에서 태어나 노벨문학상을 받은 W.B 예이츠의 「이니스프리의 호수 섬」이란 詩가 생각난다.

> 나 일어나 이제 가리. 이니스프리로 가리. 거기 욋가지 엮어 진흙 바른 작은 오두막을 짓고, 아홉이랑 콩밭과 꿀벌 통 하나 벌 윙윙대는 숲 속에 나 혼자 살리. 거기서 얼마쯤 평화를 맛보리. 평

화는 천천히…….

그 옆 영산홍은 6월에 꽃을 피워 이듬해 5월까지도 푸른 잎만 내밀고 풍상에 휜 허리를 부여잡고 생명을 이어가는 모습이 조금은 안쓰럽다.

분홍색 꽃을 다복이 피워 봄의 화사함을 전달해주던 철쭉도 꽃은 다 지고 새로 나온 푸른 잎새가 내년來年을 기약하자고 한다. 몇 년을 잎사귀 몇 개로 목숨을 부지하며 그래도 난蘭이라는 품위를 잃지 않으려고 애쓰고 있는 동양난 한 촉도 살아 있어서 고맙다. 작은 화분에 난 잎사귀로는 제법 넓은 잎을 3개, 5개만 가진 풍란은 올해도 잊지 않고 늦게 가녀린 꽃대 하나를 밀어올리고 있다. 봄꽃이 다 지고 난 뒤 향긋한 향기와 함께 작은 새 주둥이 같은 귀여운 꽃을 피워내는 풍란은 갖은 풍상을 이겨내고 꿋꿋이 살아 5월에 그 은은한 향기와 함께 우리 거실에 5월의 여신女神으로 자리한다.

4월 들어서 나는 거실 의자에 앉으면 동백나무 앞 빈자리를 멍한 시선으로 바라보며 일이 손에 잡히지 않아 안절부절못했다. 화사한 꽃의 향연도 좋지만 늘 푸른색으로 마음도 눈도 맑게 해주던 소나무를 더 좋아했다. 작년 내가 심란心亂한 일이 있어 잠깐 정신을 놓은 사이 속절없이 소나무가 아프기 시작하더니 행여 나을까 기다렸건만 올봄 기어코 가버렸다. 사람이나 식물이나 관심과 사랑을 받지 못하면 병이 나는 모양이다. 어디서 다시 소나무를 구해올까 하는 생각으로 4월 중순을 보냈다. 내가 힘들고 어려운 일이 닥치면 항상 달려와 위로해주고 도와주는 후배 순철 엄마가 '용진'에 가 보자고 했다. 별로 마음에 드는 것이 없어 맥이 빠져 돌아왔다. 궁리를 해봐도 뾰족한 방안이 없어 애태우고 있을 때 중앙시장에서 만났던 꽃 파는 할머니가 '신리' 자기 집 꽃나무 밭으로 가보자고 했다. 몇 그루 소나무가 있으니 마음에 드는 것이 있었으면 좋겠다며…….

나는 서둘러 순철 엄마와 함께 토요일 오후 신리에 갔다. 거기서 마음에 꼭 드는 소나무 한 그루를 만났다. 이튿날 소나무는 우리 집으로 이사를 왔다. 마당이 꽉 차듯 내 마음도 채워졌다. 아침저녁 복돌이에게 밥을 줄 때마다 쓰다듬어주며 잘 자라라고 부탁한다. 햇살이 비치는 날엔 이파리가 금빛으로 빛나는 것 같다. 금송金松인가 착각할 정도다.

어느 분이 손자에게 잣나무와 소나무 구별하는 법을 가르치는 내용을 수필로 쓴 글을 보았다. 나는 구별할 줄도 모르고 구별하고 싶지도 않다. 잣나무건 소나무건 세월이 흘러도 변치 않고 푸르고 청청하며 그윽하고 기품 있게 늙어가는 나무가 나는 좋다. 사람은 나이가 들어도 변치 않고 늘 맑고 청결한 모습으로 세월의 무게를 이고 단단하고 두껍게 다듬어진 인격과 품격을 지닐 때 존경을 받는다. 탐욕과 이기심으로 나이만 내세우는 노인의 오만함에는 젊은이들의 싱싱하고 풋풋함 앞에 추한 모습으로 남는다. 사람은 40이 넘으면 자기 얼굴에 책임을 져야 한다고 했다.

고희古稀를 넘긴 나의 모습은 어떨까. 행여 오만과 독선으로 얼룩지고 정결치 못해 젊은이들에게 추한 모습으로 기억되지 않을지 오늘도 소나무를 바라보며 내 마음을 단속하고 있다.

(2010. 4. 25.)

풍란風蘭

어리고 셩긘 柯枝 너를 밋지 아녓더니
눈긔약 능히 직혀 두세 송이 픠엿구나
燭잡고 갓가이 사랑할 제 暗香조차 浮動터라

—(安玟英 : 高宗 때의 歌客)

올해도 어김없이 꽃을 피워냈다. 작은 잎 서너 개 달린 가냘픈 줄기에서 해마다 잊지 않고 우아스럽고 앙증맞은 향기를 품어내는, 흰색에 가까운 연록색 바탕에 보라색 점점이 박혀 있는 귀여운 작은 새 같은 꽃을 피웠다.

난은 끈기 있고 성실하게 자기 책임을 다하는 꽃 같다. 한 달여 동안 봉오리를 맺고 기다린다. 꽃을 피워낼 때를 기다리는 모습이 마치 멀리 떠나간 정인情人을 그리는 모습 같다. 돌아올 날을 맞아 아름다움과 향기를 품어내 주고 싶은 마음에서일까. 향은 은은하다. 그리고 널리 퍼진다. 곁에 있으면 그 향기가 배어드는 것 같다. 우리 거실을 스위트룸으로 만들어 준다.

나는 난蘭에 대해서 아는 바가 없다. 꽃집에서 풍란이라니 그렇게 알 뿐이다. 기린봉에 다니면서 가끔 그 앞에 있는 꽃집에 들러 보곤 한다. 서너 해 전 난 화분 작은 것 두 개를 사왔다. 가격도 비싸지 않아 더 마음에 들었다. 그해 봄부터 꽃을 피웠다.

한 해 꽃을 보려면 4월 한 달을 기다려야 한다. 봉오리가 올라와 한 달여를 그대로 꼭 다물고 꽃피울 때를 기다리게 한다. 여간한 인내심이 아니면 기다리기 힘들다. 어느 날 맨 아래 꽃잎부터 터지기 시작했다. 순서와 서열이 있는 모양이다. 맨 아래 제일 오래 기다리고 나이 든 꽃잎부터 피운다. 그래서 난을 선비에 비유하는지 모르겠다.

기다림과 인내를 시험해보는 꽃이다. 또 장유유서長幼有序란 질서를 지키는 꽃이다. 한번 꽃을 피우면 오랫동안 그 모습 그대로 지키고 있다. 굳은 절개를 보는 것 같다. 그 향기와 아름다움을 즐기는 주인을 위한 배려에서인 듯하다. 향기는 왜 그렇게 은은한지 난 듯 만 듯 그러나 분명히 맑고 정갈한 향내를 멀리멀리 퍼뜨린다.

높은 분들의 집무실에는 어김없이 난 화분들이 진열되어 있다. 그분들이 다 난을 귀히 여기고 그 풍모를 닮고 싶어 비싼 난 화분들을 진열해 놓았는지 한 번쯤 생각해 보았는지 궁금하다.

몇 해 전 동생네 집엘 갔다. 현관에 들어서자 난 화분들이 일렬로 20개 이상 진열돼 있었다. 보기도 좋았고 집안 분위기도 품위 있게 업그레이드 된 것 같았다. 그 뒤 얼마간 세월이 흐른 뒤 다시 갔다. 집안이 얼마나 향기로워졌을까 생각했다. 그런데 어쩌면 좋으랴. 난 화분들이 다 시들어 한쪽 구석에 방치되어 있지 않은가. 난 화분과 들인 돈이 아까웠다. 난은 아무나 키우는 게 아닌 것 같다. 나도 비싼 난 화분들을 몇 개 실패하고 이제 가장 작고 못난 풍란 화분 두 개가 나에게 기쁨을 주고 있다. 온도와 습도를 정성껏 보살펴 주어야 한다. 어린아이 보살피듯, 넘침과 모자람이 없어야 잘 자란다.

나는 요즘 아침에 눈을 뜨면 난 향기부터 맡는다. 내 몸과 마음에 조금이라도 향기가 스며들라고. 향기를 맡으면 머리가 맑아지고 마음도 새로워진다. 난같이 끈기 있고 인내심 있게 하늘의 뜻에 순응하며 세상사에 좀 더 초연해지기를 바라며. 자식들에게도 그들이 제 할일들을 열심히 해내서 인정을 받을 때까지 기다리고 지켜봐 주어야겠노라고. 그리고 나에게는 다가오는 인생의 마지막 날에 난같이 정갈하고 향기를 뿜어내는 고운 모습이길 바란다.

내가 좋아했던, 나를 좋아했던 사람들에게 기억되길 바라는 마음으로 옷깃을 여미며 살다 가리라 다짐해본다.

(2008. 5.)

2부

어느 여름날의 꿈

여름날은 가고

그렇게 즐겁고 여유로우며 한가롭고 평온하게 울어대던 매미들의 합창소리가 처서處暑가 지나자 사라지는 노병老兵처럼 쓸쓸하고 처량하게 들린다. 이제는 우리 차례라는 듯 밤이 되면 귀뚜라미와 이름 모를 풀벌레들의 노랫소리가 여리고 나지막하게 들려온다.

올여름 나는 뒤란 텃밭에 나가 앉아 많은 구경을 하며 지냈다. 보라색, 흰색의 도라지꽃이 아직 꿈을 접지 말라고 미소를 지으며 나에게 말해 주었다. 보라색 도라지꽃을 보고 있노라면 내 안쪽에 숨겨진 꿈이 아련히 다가오는 것 같다. 빛을 발하지는 않지만 순박한 시골 처녀의 꽃반지에 어울릴 것 같은 순순한 자연 그대로의 작은 보석처럼 핀, 사람의 화(가슴앓이)를 다스린다는 검정 약콩의 보랏빛 작은 꽃은 또 얼마나 귀엽고 예쁜지……. 방울 같은 모양의 연보랏빛 검정깨 꽃은 곧 종이 울릴 듯 보인다. 좀 진한 보라색 가지 꽃은 건강을 지켜주겠다는 믿음이 보이고, 고추의 앙증맞은 흰 꽃은 매운맛을 보여주겠다는 듯 야무지게 매달려 있다.

자연의 무한한 신비에 푹 빠져 텃밭에 앉아 있노라면 눈은 맑아지고 가슴은 파랗게 물든다. 검은 구름이 회색빛 하늘을 만들다 이내 파란 하늘과 흰 구름으로 가을이 옴을 알려주고 있다. 나는 무엇을 위해 어떻게 오늘까지 살아왔는가를 되새겨보는 한가한 여유를 누리는 편안한 성찰省察의 시간을 보냈다. 텃밭 아래 길가의 차들은 쉴 틈이 어디 있느냐며 달리고 또 달려오고 있다. 그 사이로 허리 굽은 할머니 한 분이 조그만 손수레에 빈 상자들을 싣고 힘에 겨운 듯 쉬엄쉬엄 가고 있다.

세상은 정신없이 바쁘게 돌아가는데 올 데까지 다 온 할머니는 빈 상자 몇 개도 겨우 옮기고 있다. 이제까지 살아온 삶의 무게에 지쳐서겠지 싶다.

제일 높은 파 잎사귀 꼭대기에 빨간 고추잠자리 한 마리가 곡예를 뽐내듯 외다리를 꼬며 올라 앉아 있다. 시샘이라도 하듯 옆자리에 한 마리가 나란히 앉으니 무슨 마술을 보는 듯 즐겁다.

텃밭에 앉아 있으면 이런 풍경 저런 풍경에 빠져 시간 가는 줄 모르고 망중한忙中閑을 즐기게 된다. 자연은 그 생김새처럼 가슴은 넓고 폭도 크다. 모든 생물을 무한대로 받아들이고 안아준다. 상처받은 이에게는 재생의 약을 발라주고, 지친 이에게는 쉼터를 만들어준다. 녹색 속에 파묻혀 있으면 그 싱싱함으로 힘이 생긴다. 황토색은 몸 안의 노폐물을 걸러내준다.

생명을 살리고 꿈을 꾸게 해주고 생각의 말미를 만들어 주는 이 소중한 자연을 인간은 편리함과 탐욕을 위해 파헤치고 내던진다. 산이 내려앉아 토사와 물이 밀려와 우리 생명과 애써 이루어 놓은 재산을 빼앗기는 사태가 우리나라에서 부富의 일번지를 자랑하는 강남에서 올여름에 일어났다. 은혜를 모르면 벌을 받고 죗값을 치르게 하는 것이 하늘의 이치다. 우리는 당했을 당시 잠시 고통을 하다가 복구가 되어 편안해지면 또 파헤친다. 잘난 척하며 못할 것이 없다는 인간의 무소불능의 오만함이 우리가 살아갈 지구를 끝없이 괴롭혀 겨울이 가는지 여름이 오는지도 모르게 되었다. 인류는 기후의 심각한 변동 속에서 고통을 겪으며 버티고 살아가고 있다. 이제 반성하고 자제하여 개발이라는 이름 아래 자연을 못살게 하지 말았으면 좋겠다.

그래도 자연의 섭리는 여전히 지구를 돌게 만든다. 때가 되니 꽃은 떨어져 여름날은 가고 그 자리를 열매들이 차지할 것이다. 매미 소리 대신 풀벌레 소리가 풍성함과 텅빈 들판의 쓸쓸함을 알려주고 있다. 자연에 감사하고 순응하는 것이 인간 100세 수명을 누리는 길임을 깨닫는다. 나는 오늘도 텃밭에 앉아 코스모스 핀 들판을 달리는 꿈을 꾸고 있다.

(2011. 8. 25.『행촌수필』20호 게재)

기다리는 마음

오늘 유난히 동백나무 잎이 푸르고 햇볕에 반짝거린다. 혹독한 지난겨울 추위에 동백꽃 나무가 얼어 봄이 되었는데도 힘이 없어 보였다. 그 풍성하던 꽃들도 비실비실 피는 둥 마는 둥하여 올 봄 동백꽃을 바라보는 나는 몹시 실망했다.

혹독한 겨울 뒤에는 찬란한 봄이 오는 게 세상 이치다. 동백나무 앞 소나무 잎이 오늘따라 더 파랗고 빛이 나는 것 같다. 몇 번이나 실패하여 소나무를 잃어버린 뒤 못 잊어 하였다. 후배 순철이 엄마는 잘 걷지도 못하는 내 손을 잡고 꽃시장을 누벼 소나무를 사가지고 와서 정성들여 심어주었다. 그리고 두 손을 모으고 소나무를 좋아하는 형님의 마음을 내치지 말고 오래오래 살아달라고 기도까지 해 주었다.

사연을 들은 K교수님이 막걸리를 먹이라는 훈수까지 해 주셔서 소나무에게 막걸리 한 병을 먹였다. 순철이 엄마의 합장 기도

덕분인지 K교수님의 막걸리 훈수 덕인지 이번 소나무는 날이 갈수록 잎이 더 파래지고 윤이 나니 뿌리를 내릴 것 같다.

요즘 내가 영산홍에만 관심을 가진 것을 눈치챈 복돌이는 심통이 났는지 눈을 흘기며 단식투쟁 중이다. 무릇 생명이 있는 것은 사랑 놀음에서 자유로울 수 없나 보다.

나는 요즘 아침에 눈을 뜨면 가슴이 설렌다. 부지런히 앞마당으로 나간다. 진분홍 영산홍 꽃봉오리가 몇 개나 더 올라왔는지 보기 위해서다. 며칠 전 꼭대기 가지에 어머니의 립스틱을 몰래 칠한 10대 소녀의 입술 같은 진분홍 꽃봉오리가 뾰족이 올라온 걸 보고 어디에서 날아왔는지 의심을 했다. 날마다 꽃봉오리가 늘어나는 것을 보니 제 몸에서 피어내는 것 같았다. 8년 전 이 영산홍 꽃 빛깔이 너무 고와서 사다 심었다. 그해 5~6월까지 봄꽃이 다 져버린 화단에 홀로 꽃을 피워서 나를 기쁘게 했다. 그러던 것이 이듬해 약속이나 한 듯 꽃잎 하나 보여주질 않았다. 그리고는 해마다 늙어 구부러진 허리로 잎만 안타까이 지켜주고 있었다.

나는 매년 봄이 되면 뽑아버리고 다른 꽃을 심어볼까 궁리를 했으나 늙어가는 모습이 추하지 않고 고와 보여 그냥 해를 넘긴 것이 7년째다. 그런데 올해 꽃봉오리를 맺더니 그 고운 진분홍 꽃을 줄줄이 피우고 있다.

휘어진 허리 마디마디에서 꽃을 피우는 모습이 젊음을 다시 찾은 듯 의기양양하다.

추구推句*에 '꽃은 다시 피는 날이 있으나 사람은 다시 소년이 될 수 없다(花有重開日 人無更少年).' 라는 말이 있듯이 꽃은 오랜

* 추구(推句) : 우리나라 좋은 글귀만 모아 적은 책.

세월이 지나도 다시 필 수 있으나 사람은 용을 써 봐도 청춘을 다시 찾을 수는 없다.

7년 만에 이 예쁜 고운 꽃을 다시 피울 줄 누가 알았겠는가. 뽑아버렸으면 어쩔 뻔했나. 꽃을 보면서 내 인내심에 감사하는 마음이 들었다.

옛말은 하나도 그른 게 없다. 잠시 분함을 참으면 백 일 근심을 면한다고 했다. 나도 참았기에 다시 꽃을 볼 수 있는 게 아닌가?

기다림은 인고忍苦의 세월을 지내야 한다. 가족의 생계를 위해 먼 바다로 떠난 남편을, 날마다 파도를 바라보며 기다리는 아낙의 마음은 참고 견뎌야 하는 아픔이다. 전쟁터에 나간 자식을 기다리는 엄마의 기다림은 피 말림이다. 넋을 빼고 한없이 앉아 기다려야 한다. 중요한 시험에서 합격통지서를 기다리는 마음은 능력의 한계를 가늠해 보는 시간이다. 구중궁궐 왕비에서 나인에 이르기까지 임금님의 발길이 납시기를 기다리며 밤을 새우는 여인들의 마음은 그리움과 가슴앓이다. 지나가는 임금님의 발길을 붙들고 싶어하는 능소화의 전설은 애달픔이다.

예전에 나는 아이들 성적이 좀 떨어질 때면 조바심을 내며 안달하고 아이들을 채근했다. 그럴 때면 남편은 기다리라고 나를 타일렀다. '만사분기정 부생공망萬事分己定 浮生空忙'이라고 분수는 정해져 있으니 부질없이 바쁘게 서둘지 말고 큰 그릇이 되게 하려면 기다려야 한다고 했다. 7년 만에 다시 핀 영산홍 꽃을, 기다림의 미학을 가르쳐준 남편과 더 큰 꿈을 향해 달려가는 우리 아이들에게 바치고 싶다.

(2011. 5. 20.)

어느 여름날의 꿈

주룩주룩 내리던 비가 조금씩 그친다. 작은 참새 새끼 한 마리가 앞마당 동백나무 속에서 푸드득 날아오더니 빨랫줄에 걸터앉아 뭐라 짹짹거리고 있다. 이를 지켜본 복돌이가 화답이라도 하듯 짖어댄다. 참새 새끼는 이제 비가 그쳤으니 제 친구를 찾아 넓은 곳으로 가 보겠다고 지저귀었는지 모른다. 이 소리를 들은 복돌이는 "너는 좋겠다. 가고 싶은 곳으로 자유로이 훨훨 날아다니니 얼마나 좋으냐? 나는 답답해 죽겠다. 나 약 올리지 말고 빨리 사라져라."라고 짖어대는 것 같았다.

거실에서 그리스 여행기를 쓰고 있던 나는 둘의 소리를 듣고 웃음이 나왔다. 참 평화로운 한낮의 풍경이었다. 나는 동박새를 보지 못했다. 가끔 동백나무에서 새가 날아 나오면 혹시 동박새인가 상상해보며 우리 집 동백나무에 동박새가 살았으면 좋겠다는 생각을 한다.

아침 일찍 성당 미사에 다녀왔다. 어린 학생들과 함께 보는 학생미사는 나에게 생기와 평화로움을 준다. 시간에 맞춰 집에 와 TV의 「진품명품」 프로그램을 본다. 오늘은 여대생 같은 젊은 아가씨가 액자의 빛이 누렇게 바래고 귀퉁이가 해진 글씨 한 점을 가지고 나왔다. 자기 조상이 받은 왕지王旨라 했다. 자기는 '석'씨인데 왕지의 주인공 14대손이라며 정확한 왕지 내용과 가치를 알려고 가지고 나왔다고 했다.

전문 감정가 김영복 선생님 말에 의하면 조선 태종 12년 6월 2일에 받은 교지인데 그 조상님은 다른 직책이 있어 명예직으로 성균관 대제학 지금의 박사급을 받았다는 것이다. 현재 남아 있는 것이 10장 미만으로 국보급 가치가 있다고 했다. 가격을 정할 때 가지고 나온 젊은 여인은 500만 원을 적었고 패널로 나온 가짜 감정가들은 각각 1,500~2,500만 원을 적었다. 감정가격은 5,000만 원이었다. 몇 글자 되지 않는 다 해진 종이 한 장에 5,000만 원이라니 놀라웠다. 그 여인은 조상이 자랑스럽다며 크게 웃었다. 진행자는 역시 양반가 자제분이라 웃음도 호기스럽다며 분위기를 밝고 즐겁게 띄워주었다.

진품명품 프로그램은 진귀한 옛 물건을 보는 것만으로도 우리 문화에 대한 자긍심과 지식을 넓혀줄 뿐 아니라 물건을 가지고 나온 이들의 다양한 표정에서 사람을 읽는 재미도 쏠쏠하다.

오후 「열린음악회」 시간에는 항상 소녀같이 맑고 고운 목소리로 가창력이 녹슬지 않은 가수 '양희은' 이 나왔다. 「네 꿈을 펼쳐라」를 어린이들과 화음을 맞춰 부르는 것을 들으니 나도 옛날 어린 시절로 돌아가 꿈을 펼쳐보고 싶은 생각이 들었다. 노래를 듣고 나니 오후 7시가 넘었는데 꿈에서 깨어난 듯 햇살이 환하게 비쳤다.

나는 부지런히 학교 운동장으로 나갔다. 하늘에는 붉은 노을빛 구름과 흰 구름이 비온 뒤 맑게 갠 여름 하늘에 아름답고 시원하게 펼쳐져 있었다. 여기에 무지개까지 뜨니 환상적인 풍경이었다. 나는 아직도 무지개를 따러 다니고 싶다. 초등학교 어린 시절 1950년대 출간된 김내성 작가의 『쌍무지개 뜨는 언덕』이라는 동화책에 푹 빠져 정신없이 읽었던 생각이 지금도 잊히지 않는다. 헤어졌던 쌍둥이 자매가 우연히 만나 서로 이해하면서 친해져서 손을 잡고 무지개가 뜬 언덕으로 달려갔던 것으로 기억된다. 근래에는 나이아가라 폭포에 갔을 때 몇 번이나 무지개를 만났다. 그때마다 쫓아가 카메라에 담으려고 셔터를 눌러댔으나 아쉽게도 사진에는 나오지 않아 실망스러웠다. 무지개는 행운을 가져다 준다고 한다. 못 이룬 꿈이 지금이라도 이루어지기를 기대해도 될까? 오늘은 평화로운 풍경 속에서 마음에 평안을 얻고 살아 있음에 감사드리고 싶은 날이었다.

(2010. 7. 11. 『행촌수필』 18호 게재)

(『완주신문』 2010. 7. 28 게재)

골목 안 사람들

우리 집에 오려면 긴 골목을 지나야 한다. 골목에 들어서면 첫 번째로 화선이 형님 집이 있다. 온갖 나무들이 쏟아내는 산소 때문에 기분이 상쾌하기 그지없다. 요즘에는 석류꽃이 한창이다. 작은 아씨 같은 이 석류꽃들을 보면 기분이 괜스레 좋아진다. 그 작은 꽃에서 어떻게 그렇게 큰 열매를 맺는지 모르겠다. 꽃의 생김새가 어여쁜 여인 같아서인지 그 열매가 여성의 몸에 좋다니 그럴 것 같다.

조금 있으면 대추나무, 모과나무들이 열매를 맺기 시작해 담장 밖까지 나올 것이다. 앵두와 파리똥 열매도 빨갛게 익어갈 것이다. 앵두가 익으면 한 바구니 따서 우리 집으로 가지고 오신다.

"동생 먹어 봐!"

하시면서 동생같이 예쁘고 귀엽다고 하신다.

가을에 모과가 익으면 반질반질 제일 윤기가 나는 것으로 골라

왔다며 또 한 바구니 가득 가져다 주신다. 몇 년 전 우리 아들 결혼 때 이 모과로 모과주를 담가 손님들을 대접했더니 약사가 담근 약술이라며 모두들 좋아하고 많이 마시면서 흥을 돋웠다.

집안은 항상 깔끔하고 온갖 화분들이 진열되어 있어서 화선이 형님 집에 들어가면 마치 여느 수목원을 찾은 것 같다. 자식을 사랑하는 지극한 마음도 우리들의 본보기다. 허리가 굽어 일하기 불편한데도 일요일마다 아들과 손자들이 좋아하는 음식을 손수 만들어 놓고 기다린다. 아들도 공기업의 중견 간부지만 항상 겸손하고 자식으로서의 도리에 충실한 이 시대에 보기 드문 모범 가장이다.

화선이 형님 집 위에는 미선이네 집이 있다. 거기도 모과나무가 흐드러져 담장 밖 골목까지 그늘을 드리운다. 이 골목은 햇볕이 쨍쨍한 여름에도 더운 줄을 모른다. 미선이 엄마는 부잣집 맏며느리처럼 푸짐하다. 실제로 이 골목에서는 제일 부자다. 가을이면 모과를 장대로 따 나에게 차를 끓여 마시라며 한 바구니를 준다. 그래서 나는 이듬해 늦은 봄까지 모과차를 즐긴다.

그 옆은 교회 집사의 집이다. 이 집은 개를 많이 기른다. 골목에서 발자국 소리가 나면 여러 마리의 개들이 짖어대는 통에 웬만히 간 큰 사람이 아니면 이 집 앞을 지나기가 두렵다. 그러나 우리 골목 안 사람들은 이렇게 우리를 지켜주는 개들이 있어 든든하다. 그 옆집은 목소리 큰 할머니 집이다. 그래도 대문 위에는 빨간 장미꽃이 만발하여 골목을 장미정원같이 향기롭게 만들어 준다. 할머니는 골목 중간에 턱 버티고 서서 오가는 사람들을 점검한다. 오늘은 어디 가느냐, 어제는 어디를 갔었느냐고 묻는다. 한

번은 우리 옆방 할머니가 잔뜩 화가 나서 들어왔다. 사연인즉 자기가 무엇인데 남의 사생활을 일일이 간섭하며 캐묻는지 기분이 나쁘다고 했다. 노인들끼리 티격태격하는 모습을 보면 슬며시 웃음이 나온다.

그 옆집은 새댁 집이다. 내가 이 집으로 이사올 때만 해도 갓 결혼한 새댁이었는데 아이가 둘이나 되었다. 아이 둘을 업고 손잡고 행복해하며 외출한다. 새댁 집에도 석류꽃이 한창이어서 보기 좋다.

맨 끝집이 우리 집이다. 이 골목의 파수꾼처럼 집도 담장도 튼튼하다.

우리 윗집에 예슬이 식구가 산다. 모든 가족이 성실하게 자기 직분을 잘 지키며 살고 있다. 아침 일찍부터 아이들은 학교로, 부부는 일터로 나간다. 저녁 시간에는 귀가하여 각자 자신의 일들을 열심히 한다. 밤늦도록 불이 꺼지지 않는 집이다. 밤에 우리 복돌이가 짖어대면 무슨 일이 있느냐고 창문을 열고 물어온다. 그래서 나는 항상 든든하다. 그 옆집에는 항상 청바지에 모자를 눌러쓰고 다니는 수수하고 성실한 여대생이 있다. 컴퓨터를 잘 못하는 나를 위해 언제고 기꺼이 봉사해주는 고마운 아가씨다.

목소리가 큰 할머니 집, 새댁 집, 우리 집 모두 개를 키운다. 골목에 낯선 침입자가 나타나면 교회 집사네 개들을 위시해 모든 개들이 일제히 골목이 떠나갈듯 짖어댄다.

얼마 전 우리 외손자와 외손녀가 왔을 때도 예외가 아니었다. 골목에 들어섰을 때 나는 애들이 왔구나 하고 미리 알아차렸다. 또 전에는 웃지 못할 일도 있었다. 내 약사 친구가 물어물어 우리 집엘 왔는데 어찌나 개들이 짖어대는지 무서워서 인터폰도 누를 수 없어 그냥 돌아가서 내게 엽서를 보내왔다. 그 골목은 어째서 그렇게 집집마다 개들을 키우느냐고. 무서워서 두 번은 못 가겠노라고 혼이 다 달아날 뻔했다고. 칠십이 넘은 약사님이 얼마나 개들이 짖어댔으면 인터폰도 못 눌렀을까를 생각하니 터져나오는 웃음을 참을 수가 없었다.

개들이 짖어대고 대추나무와 모과나무가 그늘을 만들어주고, 석류꽃과 장미꽃이 반겨주며, 모과와 상추 같은 푸성귀를 나눠먹고, 서로 도와주고 지켜주는 정다운 이 골목 사람들을 나는 사랑한다. 사람 사는 냄새와 정이 넘쳐나는 이곳이 시멘트에 갇혀 사는 아파트의 편리보다 더 좋고 정답기 때문이다. 언제까지 이 골목길이 버텨줄지 모르지만 내가 떠나기 전에는 지금처럼 여기에 그대로 있어주길 바랄 뿐이다.

(2008. 5.『행촌수필』15호 게재)

길

우리는 날마다 여러 갈래의 길을 걸어 다니며 산다. 옛날에는 우마차牛馬車와 가마가 다녔고 오늘날에는 온갖 종류의 승용차와 버스, 트럭들이 사람과 짐을 실어 나르고 있다. 짐뿐만 아니라 영혼도 나른다.

길은 물길이나 산길로 끝없이 이어지고 끊겼다가 다시 이어진다. 마을과 마을을 이어주고 사람과 사람을 이어준다. 걷노라면 험한 길, 위태로운 길, 평탄한 길을 건너 사람 사는 동네와 산속에 호젓이 앉아 있는 산사山寺나, 해변가의 모래사장을 만나기도 한다.

살아 있는 것이나 생명이 있는 것은 언젠가는 이 세상과 인연을 끊고 저 세상으로 간다. 그때 이 세상의 길이 끝나고 저승의 길로 이어진다. 저 세상으로 갈 때의 길엔 이 세상에서 걸었던 길의 흔적으로 그 사람의 인생이 그려진다.

우리는 매일 길 위에서 저마다 그 인생의 흔적을 남기며 걸어

다니고 있다. 갈등 때문에 비틀거리며 걸었던 길, 분노로 돌부리를 걷어차며 걸었던 길, 잘못한 일들로 미안함 때문에 겸손히 걸었던 길, 몇만 번의 고통과 슬픔, 후회 속에서 힘들어하며 걸었던 길이 얼마나 길고 먼 길이었던가. 또 기쁨과 감사, 즐거움과 행복 속에서 가볍고 산뜻하게 걸어보았던 길도 있었다.

2009년 올해에 우리나라는 큰 상喪을 유난히 많이 당했다. 2월 16일 김수환 추기경, 5월 23일 노무현 전 대통령, 8월 18일 김대중 전 대통령이 저 세상으로 떠나셨다. 우리 국민들은 3개월마다 상여를 멘 셈이다.

김수환 추기경님은 나라의 큰 별이셨다. 어려울 때 약자弱者 편에 서서 그들을 위로하고 대변해 주셨다. 가시는 길에는 더 많이 사랑하고 서로에게 밥이 되라고 일러주셨다. 살아가면서 밥보다 더 중요한 것은 없다. 양식糧食은 곧 생명이기 때문이다. 김대중 전 대통령은 우리나라 민주주의와 인권을 위해서 평생을 고난 속에서 온갖 고초를 꿋꿋이 이겨낸 인동초의 삶을 살았고, 민족의 화합을 위해 부단한 노력을 아끼지 않았던 큰 나무였다. '인생은 얼마만큼 오래 살았느냐가 문제가 아니다. 얼마만큼 의미 있고, 가치 있게 살았느냐가 문제다.'라고 마지막 일기에 썼다는 말은 우리가 날마다 어떤 길을 어떻게 걸어가야 할지를 깨우치게 하는 것 같다. 인생의 마지막 길에 남겨질 자기의 발자취를 다시 한 번 새겨보게 하는 말이다. 날마다 생의 마지막 날이라고 생각하고 산다면 후회 없는 삶이 되지 않을까. '제대로 산 사람만이 잘 죽을 수 있다.'고 호스피스 봉사자들은 말한다.

며칠 전 집안에 상喪을 당했다. 아이들과 더불어 남편의 고향인

장수군 산서에 다녀왔다. 그 옛날 비행기같이 높고 험난해 어지럽고 금방이라도 낭떠러지로 떨어질 것만 같아 남편 어깨에 기대고 갔던 비행기재(산서에서 장수로 가는 고갯길)를 아들 승용차를 타고 가니 감회가 새로웠다.

길은 변한다. 그렇게 힘들었던 길이 이제는 드라이브하기에 편안한 길로 바뀌었다. 우리네 인생도 험한 길 굽은 길을 만나 곤란을 겪을지라도 편안하고 평탄한 길이 나오리라는 소망으로 살아간다.

이제 얼마 남지 않은 생生의 길이 굴곡 없고 흔들리지 않는 평안한 길이 되기를 이 밤 다시 한 번 기도드리며 다음의 시를 적어본다.

나는 천 줄기 바람

내 무덤 앞에 서지 마세요
풀도 깎지 마세요
나는 그곳에 없습니다
나는 그곳에서 자고 있지 않아요

나는 불어대는 천 개의 바람입니다
나는 흰 눈 위 반짝이는 광채입니다
나는 곡식을 여물게 하는 햇볕입니다
나는 당신의 고요한 아침에 내리는 가을비입니다
나는 새들의 날개 받쳐주는 하늘 자락입니다
나는 무덤 위에 내리는 부드러운 별빛입니다

내 무덤 앞에 서지도 울지도 마세요
나는 그곳에 없답니다.
—2001년 미국 911참사 추도 때 낭송된 인디언 전래 시

(2009. 8. 25.)

지리산의 정기正氣

우리나라는 산이 많은 나라다. 백두대간으로 이어지는 산들은 그 특징과 전설傳說이 어우러져 어느 산을 오르던 그 속에 빠져들기 마련이다.

경상남도 함양군과 산청군, 전라북도 남원군, 전라남도 구례군 등 3도에 걸쳐 누워 있는 지리산은 두류산頭流山이라고도 하며, 제일 높은 주봉인 천왕봉의 높이가 1,915미터로 소백산맥의 남단지구에 솟은 남한에서 한라산 다음으로 높은 산이다. 둘레는 700리에 이르는 넓고 넓은 산이다. 지리산에 오르면 마치 엄마 치마폭에 앉아 있는 듯 푸근하고 마음이 편안해진다. 성삼재에만 올라 바라보아도 섬진강의 물줄기가 은빛으로 반짝거리며 금방이라도 은어가 뛰어오를 것만 같다.

이른 봄 파릇파릇 돋아나는 새싹들의 언덕은 마치 융단을 깔아 놓은 듯 보드랍다. 노고단 운해雲海는 피안彼岸의 신비의 세계를 꿈꾸게 한다. 피아골, 정령치의 가을 단풍과 아기자기한 단풍 숲은 꽃동산 같다. 삼신산三神山으로 국내 제일의 다우지역多雨地域으로 대삼림大森林을 이루고 있다.

나는 전라도 사람이라 주로 구례나 남원 쪽으로 많이 다녔다. 그런데 이번에는 경상남도 산청에서 가는 코스로 올라가 보았다. 대원사大源寺 가는 길엔 참나무과 나무들이 총 집합되어 있었다. 신갈나무, 떡갈나무, 상수리나무, 갈참나무, 굴참나무, 졸참나무 등 6가지 참나무 종류들이 다 모여 있어 각자의 특징들을 나타내며 잘 어우러져 사이좋게 살고 있었다. 이들의 열매는 도토리라 하여 우리의 전통음식인 묵을 만들어 가난했던 시절 민초들의 식량이 되었으나 지금은 웰빙식품이 되어 모두들 좋아한다. 굴참나무는 우리나라에서만 잘 자라 그 껍질로 코르크 병마개를 만들어 와인을 보존하는 데 요긴하게 쓰이고 있다. 그 밖에 마치 기린의 목 같은 무늬가 있는 노각나무, 갈회색 줄기에 흰 점이 군데군데 있어 강아지 바둑이 등 같은 서어나무, 잎도 길고 열매도 뾰족한 가시나무, 잎이 넓은 모과나무 등 수없이 많은 종류의 나무들이 있다. 그 나무들은 서로 보듬어 주고 배려하여 서로의 영역을 침범하지 않고 어울려 공동 숲을 이루어 인간에게 피톤치드를 선사하여 몸과 마음을 정화시켜 새로운 힘이 솟아나게 한다.

자연은 인간에게 대가 없이 속세에서 찌든 땟물을 벗겨 새로 태어나게 해 준다. 우리는 그 고마움을 일상적인 일로 생각해 버리고 감사할 줄 모른다. 그래도 자연은 원망하지 않고 그 모습 그대로 그 자리에 서서 무한한 인내忍耐와 후덕함으로 우리 인간을 감싸고 위로해 준다.

대원사를 내려와 시천면에 이르면 덕천서원德川書院과 산전재山川齋가 있다. 조선 중기 연산군에서 선조 때까지 살았던 성리학자 남명南冥 조식曺植 선생이 61세에 지리산으로 들어와 천왕봉을 바라보며 명종, 선조 임금이 벼슬을 주어도 나가지 않고 초야草野에 묻혀 오로지 학문에만 전념하며 후학과 제자들을 길러냈던 곳이다. 명종에게 나라를 다스리는 도리와 학문의 방법을 표表로 올리고 산으로 들어왔다 한다.

이것이 신명사도神明舍圖라는 것인데 '마음의 작용을 마치 임금이 신하를 거느리고 정사를 보는 이치에 비유하여 도식화한 것으로 인간의 마음과 마음 바깥의 경계를 굳은 성곽으로 표시 신체적 외부로부터 마음속으로 들어오는 사사로운 욕심은 어떠한 일이 있더라도 막아야 한다.'는 내용이란다.

선생은 이론보다 실천을 중시하고 학문과 삶이 일치되어야 한다고 주장했다. 그의 제자 중 유명한 홍의紅衣 장군 곽재우는 임진왜란 때 의병장으로 의령을 끝까지 지켰다.

선조 임금이 벼슬을 여러 차례 내렸어도 끝내 나가지 않고 지리산의 정기를 받으며 일생 동안 선비의 삶을 지키며 살았다.

산천재 천장에는 옛날 중국 요 임금님이 '허유'라는 선비에게 나랏일을 도와 달라고 하니 허유는 못 들을 말을 들은 귀를 냇가에서 씻었다 한다. 소에게 물을 먹이러 나온 농부 '소부'라는 사람은 이 말을 듣고 더러운 귀를 씻은 물을 소에게 먹일 수 없다며 돌아갔다는 옛 중국 고사故事의 광경이 그려진 그림이 희미하게 남아 있었다. 남명 선생은 이 고사의 뜻대로 살고 싶었기 때문이리라.

퇴계退溪 이황李滉과 서신을 교환하며 지낼 때 이 세상을 떠난 뒤 비문碑文에 퇴계는 재상宰相이라 하고 남명 자기는 처사處士라 쓰라고 했다 한다. 남명 선생 기념박물관 뒷산에 올라가 그 묘소를 직접 참배하며 지리산 천왕봉같이 높은 선생의 선비정신을 생각했다. 지금 우리나라의 높은 관직에 있는 분들이 꼭 이곳에 한 번 다녀갔으면 하는 바람을 갖고 낙엽이 떨어져 쓸쓸한 남명 선생의 무덤에서 내려왔다.

(2009. 10. 14.)

버려진 나뭇가지

아침에 마당에 나와 보니 얼마 전 심었던 방울토마토와 오이가 열매를 맺어 한쪽으로 쓰러져 있었다. 이것들을 제대로 세우려니 막대나 나뭇가지가 있어야 했다. 어디서 나뭇가지를 구할지 한참 생각하다 기린봉에 가려고 집을 나섰다.

기린봉에 가서 맑은 공기도 마시고 뻐꾸기 소리도 들으며 운동을 한 뒤 천천히 내려왔다. 내려오는 길목에는 쓸만한 나뭇가지들이 흩어져 있었다. 어찌나 반갑고 고마운지 나는 주섬주섬 한 아름 안고 집으로 왔다. 산에 쓸모없이 버려진 나뭇가지들이 나에게는 아주 귀중한 물건이었다. 우리 가족 간식거리를 마련하려고 심은 방울토마토와 오이를 길러줄 버팀목으로 사용할 수 있기 때문이다.

50여 년 전 내가 여고를 갓 졸업했을 때에는 중앙극장이 있었다. 지금 같으면 아무도 들어가지 않을 후진 극장이었다. 그곳에서 나는 평생 잊지 못할 명화를 보았다. 안소니 퀸과 줄리에타 마시나 주연의 이태리 「길」이란 영화였다. 올드 영화팬들은 잘 알리라 믿는다. 천사같이 마음씨가 곱지만 못나고 모자란 젤소미나는 짐승 같은 곡예사 잠파노에게 팔려가 온갖 학대를 당하며 춤을 춘다. 그러던 어느 날 잠파노가 마또라는 다른 서커스단 줄타기 광대와 싸움을 하다 경찰서 신세를 진다. 이때 마또가 젤소미나에게 자기와 함께 다른 서커스단으로 가자고 하지만 젤소미나는 잠파노를 기다린다. 출소한 잠파노는 바보 같은 젤소미나가 귀찮아져 혼자 떠나려 한다. 젤소미나는 마또가 가르쳐준 트럼펫으로 아주 애절하고 구슬프게 「젤소미나 가엾구나」라는 노래를 부르며 다 해진 옷에 맨발로 발부리에 부딪히는 돌을 차면서 바닷가로 향한다. 이때 잠파노가 일말의 양심은 있는지 길가에 버려진 돌들도 다 쓸 데가 있어 만들어졌으니 너도 쓰일 데가 있으니 죽지 말고 다시 함께 떠나자며 트럭에 태운다. 못생기고 바보지만 착한 젤소미나가 구슬프게 부는 트럼펫 소리는 사춘기 소녀인 나를 많이 울렸다.

길가에 흔한 돌이나 이렇게 버려진 나뭇가지도 다 쓰일 데가 있는 귀중한 물건이다. 하물며 우리 인간이야 좀 부족하든 똑똑하든 멍청하든 영리하든 다 각각의 쓰임새가 있기 마련이다. 그런데 오늘날 우리 부모들은 어떤가. 일등 아들딸을 만들어 명문대학에 진학시키고자 얼마나 많은 희생과 부담을 감수하면서 자녀들을 채찍질하는가.

요새 방송되는 SBS 월화 드라마 「강남엄마 따라잡기」가 우리 현실을 잘 대변해 주는 것 같다. 입시철만 되면 신문과 TV를 비롯해 각 학교 선생님들과 부모들, 학생들은 너 나 할 것 없이 아수라장이요 생지옥을 연출한다. 물론 나도 예외가 아니었다. 더 나은 대학을 졸업하고 보수가 좋은 직장을 보장받을 수 있는 과를 택하려고 온갖 노력을 다하고 애들에게도 압력을 많이 넣었다. 20~30대의 실업자가 몇십 프로나 되는 요즘 세상에 그나마 제자리에서 일할 수 있는 영광을 가진 자식들이 대견한 건 부모들의 자부심이라고 믿어 의심치 않는다.

올해도 내신 등급 적용으로 대학과 교육인적자원부가 치열한 공방전을 펼치며 신경전을 펴는 사이, 우리 부모와 자녀들은 피 말리는 순간적 힘겨움에 시달리고 있다. 이제는 자식들이 다 성장해 제 갈 길을 가서 열심히 일하고 있으니 입시제도와 취업에 대해 별 관심을 갖지 않지만, 입시철과 졸업 시즌에 뉴스를 보는 심정은 착잡하다. 언제나 이 암울한 풍경이 사라지려는지 그날이 기다려진다.

한창 일할 나이의 자녀를 둔 우리 부모들은 자식들이 자신의 인생설계를 스스로 할 수 있도록 지켜봐 줄 수 있는 아량과 인내심이 더 필요할지도 모른다는 생각이 든다.

(2007. 6. 20.)

고마운 손

오늘 아침 햇살이 유난히도 맑고 따뜻하다. 어제만 해도 바람이 불고 우중충했던 날씨 때문에 움츠러들었는데 기분이 상쾌하고 가뿐하다. 옥상으로 올라가 장독을 열었다. 지난달 담갔던 간장이 진하게 우려지고 있었다.

우리 집 1년의 반찬飯饌 양식이 맛있게 익어가고 있는 것이다. 이 간장과 된장이 만들어지기까지 얼마나 많은 이들의 고마운 손들을 거쳤는지 모른다. 콩 농사를 지은 농부의 손, 메주를 만들어준 S엄마의 손, 간장을 담가준 옆방 할머니의 손…….

나는 여자가 해야 할 일들을 잘하지 못해 남의 손을 많이 빌려왔다. 옛날 머리칼 한 오라기라도 날릴까 봐 동백기름을 바르고 쪽을 단정하게 짓고 간장과 된장을 담가 맛있는 음식을 해주시던 할머니, 이불 홑청도 유난히 반질거리게 손질하시던 할머니의 손은 투박하고 주름이 많았다. 그 손이 닿은 것은 다 때깔이 곱고 감칠맛이 났다. 이제는 이 세상에 계시지 않는 할머니가 간장이 익어갈 때면 그립고 뵙고 싶어진다.

배우지 못하고 낮은 곳에서 일하는 이들의 손은 거칠고 투박하다. 논밭에서 일을 하는 농부의 손, 공장에서 생산직에 종사하는 사람들의 손, 환경미화원의 손, 이들의 손이 있어서 우리는 양식糧食을 얻고 필요한 물건들을 편히 쓰며, 깨끗하고 질병 없는 쾌적한 환경에서 살아갈 수 있다.

이들의 거친 손들이 없었다면 우리는 어떻게 살아갈 수 있을까 생각하니 감사하고 나의 깨끗한 손이 부끄럽고 미안하다.

식자우환識字憂患이란 말이 맞는 것 같다. 국회의원들을 보라. 그 깔끔하고 세련된 손으로 국민을 위하여 의정활동을 잘하라고 국민의 세금으로 지어준 의사당 문을 해머로 부수고 도끼로 찍어 난장판 국회를 만들어 세계적 망신의 뉴스거리가 되지 않았던가. 또 요즘에는 무슨 리스트다 하며 고위 공직자들이 그 깨끗하고 곱상한 손으로 거액의 뇌물을 받은 것이 날마다 보도되고 있다.

많이 배우고 높은 곳에 있는 고운 손을 가진 분들로는 우리 국민이 편안히 먹고 살 수가 없다. 국민소득도 올릴 수가 없다. 배우지 못하고 낮은 곳에서 묵묵히 성실하게 국민의 의무를 이행하는 주름 잡히고 투박한 손을 가진 분들 때문에 우리는 일상생활을 즐기며 살아갈 수가 있다. 고맙고 감사한 손을 가진 그분들께 우리는 정중해야 한다. 그리고 그분들이 대접받는 사회가 되어야 한다.

사람은 모두 손을 갖고 있다. 이 손을 어떻게 쓰느냐에 따라 세상이 바뀐다. 헨리 무어의 거친 손은 돌과 나무와 청동을 재료로 파리 유네스코 본부에 세워진 거대한 대리석상 「누워 있는 여인」이라는 유기적이며 추상적인 형태의 20세기 인문주의 조각의 전통을 세웠다. 우리나라 삼성건설의 튼튼하고 섬세한 손을 가진 건아健兒들은 버즈두바이에 세계 최고층 건물을 지었다. 성녀 마더 테레사의 굵고 거친 주름 잡힌 손은 세상에서 가장 어렵고 힘든 이들에게 위로와 희망을 주었다. 말년의 오드리 헵번은 아들에게 이런 편지를 썼다 한다.

"나이가 들면 새삼 발견하게 될 것이다. 너의 손이 두 개인 까닭을. 한 손은 너 자신을 스스로 돕는 손이고 다른 한 손은 타인을 위한 손이라는 것을."

머리를 쓰는 사람보다 손을 쓰는 사람이 세상을 밝고 아름답게 가꾸어 나간다는 사실을 우리 모두 알아야 할 일이다.

오늘 간장독을 열면서 옛날 할머니가 그리워 '임형주(크로스오버 가수)'의 「찔레꽃」이란 음악을 들으며 눈물을 흘렸다. 이제는 내 곁에 고마운 손을 가진 할머니가 계시지 않은 게 서러워서였다.

지금 내가 그때 할머니의 나이가 되었으니 계시지 않은 게 당연하지만 흘러간 세월이 아쉽다. 나이가 들면 추억만 먹고 사는 것이 우리네 인생살이 같아 텅 빈 가슴과 허망함이 봄 햇살에 녹아지길 바랐다. 해가 서녘으로 넘어갈 무렵 장독을 덮었다.

찔레꽃

작사 : 이연실

엄마 일 가는 길에 하얀 찔레꽃
찔레꽃 하얀 잎은 맛도 좋지
배 고픈 날 가만히 따 먹었다오
엄마 엄마 부르며 따 먹었다오
밤 깊어 까만데 엄마 혼자서
하얀 발목 바쁘게 내게 오시네
밤마다 보는 꿈은 하얀 엄마 꿈
산등성이 너머로 흔들리는 꿈

(2009. 3. 27.)

복돌이, 그 우리 집 문지기

옛날 양반가에는 문지기가 다 있었다. 대문 앞에서 "이리 오너라!" 문지기를 불러 아무개 댁 누구라고 통성명을 하면 주인장의 허락을 받아 들여보내기도 하고 내치기도 하는 복잡하고도 우아한 방문 형식이었다.

요새는 이메일이나 핸드폰으로 방문일자를 알리거나 문앞에 와 인터폰을 누르면 된다. 하지만 무서운 일이 자주 벌어지는 세상이라 혼자 집에 있을 때 불청객이 찾아오면 감당하기 어렵다. 그럴 때면 힘센 문지기가 필요하기도 하다.

몇 해 전 이 집으로 이사 오기 전 추석 전날 아침, 갑자기 아들이 보이지 않았다. 집에 오면 아침 늦게까지 일어나지 않는 아들이 새벽부터 보이지 않아 어딜 갔는지 궁금하고 걱정이 되었다. 점심때가 지나서야 제 주먹만 한 새끼 강아지 한 마리를 들고 들어왔다. 제 친구의 시골 할머니 댁에서 가져왔다고 했다.

나는 꽃이나 화분 같은 식물은 좋아하지만, 동물은 싫어한다. 아들도 알고 있는지라 어머니가 아무리 개를 좋아하지 않으셔도 이제부터는 꼭 개와 함께 살아야 하니 잘 키우라고 했다. 아들 말이 맞는 듯하여 한 달간 우유를 먹여 자식 키우듯 키웠다. 한 달이 지나니 제법 짖어대기도 했다. 소시지 등 고급 음식도 먹이니 점점 제구실을 하는 개로 자랐다. 아들 말대로 이제는 개와 한식구가 되어 살아간다.

이름을 복돌이라 지었다. 아침에 일어나면 복돌이의 식사와 배설물을 치우는 일이 일과다. 저녁에는 복돌이 밥을 주는 것으로 하루 일을 마감한다. 이제는 나를 지켜주는 파수꾼이자 손자 같은 존재다. 아침에 밥을 줄 때 나는 온갖 잔소리와 주의사항을 말한다. 밥을 다 먹어라, 물도 마셔라, 줄을 친친 동여매지 마라, 배설물을 한쪽에 얌전히 싸라. 대답을 안 하니 알아들었는지 못 알아들었는지 알 수 없지만, 일단은 듣는 시늉을 한다. 눈을 꿈쩍이며 가만히 서서 나를 쳐다보고는 밥도 먹고 물도 마신다.

골목에 낯선 사람이 나타났다 하면 교회 집사네 개들과 앞집 갑순이, 그 옆집 갑돌이 등이 힘을 합쳐 골목이 떠나갈 듯 짖어댄다. 우리 집 대문 앞에서 발자국 소리가 나면 밤낮을 가리지 않고 짖어댄다. 그러나 안면이 있는 사람, 가령 내 동생이나 후배가 오면 앞발을 쳐들고 차려 자세로 인사를 한다. 내가 외출했다 들어오면 거수경례를 한 다음 꼬리를 흔들고 목을 흔들며 한바탕 춤을 추어댄다. 1년에 몇 번밖에 오지 않는 아들 내외도 잘도 기억해 인터폰을 누르고 "어머니!"하고 부르면 복돌이가 먼저 반가워서 어쩔 줄 모른다. 목욕도 시켜주고 고기도 끼니마다 챙겨주니 그러는가 보다.

봄이 되면 단식 투쟁을 한다. 배를 땅바닥에 딱 대고 턱을 받치고 멍한 눈으로 먼 산을 바라보며 밥을 먹지 않는다. 내가 훈계를 해도 듣는 둥 마는 둥 원망섞인 눈초리로 흘겨보기만 한다. 저희들끼리는 다 통하는 모양이다. 앞집 갑순이가 데이트를 하고 싶어 우리 대문 앞에 배설물을 남겨놓고 간다. 눈치 없는 나는 모른체하니 속이 상하고 답답할 거다. 봄이 되면 연례행사처럼 몇 년을 이렇게 시위를 하니 아무리 동물이라지만 본능인 기본권과 행복 추구권을 빼앗는 것 같아 미안한 생각이 든다. 윗집 할아버지께 상의했다. 한번 데이트를 시켜주면 정신을 못 차리니 아예 냉정하게 모른 체하라고 훈수를 해주어 그대로 시행하니 봄마다 한달여 곤욕을 치른다.

수문장 역할을 잘해주어 마음놓고 외출도 하고 밤에 잠도 편히 자면서 그 애타는 청을 들어주지 못하여 미안하고 죄책감마저 느껴진다. 하찮은 동물도 저를 아껴주고 좋아하는 사람에게는 충성을 다 바치는데 나는 은혜를 모르는 파렴치한 사람 같다. 인간의 이기심, 독선, 교만함은 살아 있는 다른 생명들을 불행하게 만드는 것 같다. 밤이 되면 나는 당부를 한다. 낮에 자고 밤에는 자지 말고 집을 잘 지켜달라고. 개가 밤을 새며 집을 지켜주는 덕에 나는 편안히 잠을 잔다. 고마운 복돌이다. 때로는 손자 같은 말벗도 된다. 속상한 일이 있으면 밥을 주면서 하소연한다. 알아들은 척 내 이야기를 끝까지 들어주고, 내가 쓰다듬기라도 하면 예의 꼬리를 흔들며 춤을 추어 나를 즐겁게 해 준다.

그렇게 동물을 싫어했던 내가 이제는 복돌이 없이는 하루도 허

전해서 지낼 수가 없다. 동물이건 사람이건 한집에서 동거동락한다는 것은 큰 인연이다. 사람과의 인연은 억만 겁이라 했는데 이 복돌이와의 인연은 몇 겁이나 되는지 모르겠다. 오늘 밤도 나는 이 든든한 문지기가 있어 편히 잠들 수 있다. 복돌이가 건강하게 오랫동안 내 곁에 있어주면 좋겠다.

(2008. 6.『대한문학』작가회 연간선집 게재)

(『참 좋은 사람』2009. 9. 게재)

선배 같은 후배

지난해 벚꽃이 피는 4월 어느 날의 일이다. 그녀는 금산사 벚꽃 길을 그날 오후에 다섯 번이나 왕래해 주었다.

해마다 벚꽃 철이 되면 섬진강 강변으로 데려다 주었는데 지난해는 그녀에게 바쁜 일이 있었나 보다. 뒤늦게 나에게 미안해서 어쩌면 좋으냐며 그날 오전에 부안 내소사來蘇寺에 가서 꽃구경을 시켜주고 전어구이에 동동주도 사주며 이걸로는 모자라니 금산사 벚꽃 길을 가자고 했다.

내가 벚꽃 향에 취해 넋을 잃은 모습을 보며 다섯 번이면 될까 셈해 보며 바람결이 살랑거리는 고운 얼굴빛으로 나에게 원 없이 벚꽃 길을 보게 해 준 후배다.

우리는 아들의 초등학교 때 자모회에서 만났다. 나보다 십 년도 더 연하인 그녀는 언제나 내가 힘들고 또 하고 싶은 일이 있을 때 항상 내 곁에서 나를 지켜주고 도와주었다.

어느 날 저녁, 내가 의자에서 넘어져 위급한 상황이 일어났을 때도 밤 10시가 넘은 늦은 밤인데도 달려와 밤새 병상을 지키고 온갖 시중을 다 들어주었으며, 집에 왔을 때도 내 옆을 지켜준 고마운 후배다.

우리 아들 결혼식 때도 마치 제 아들 장가보내는 것처럼 모든 손님을 다 알아서 접대하던 후배다.

지난번 고창에서의 대한문학 신인상 시상식 때도 제 친언니가 상賞을 타는 양 기뻐하며 우리 친구들을 한 차 가득 싣고 갔었다. 시상식이 끝난 뒤 집까지 정중히 데려다준 예의 바르고 심성 고운 고마운 후배다.

자기가 아는 사람에게 어려운 일이 닥치면 도울 수 있는 한 모든 힘을 다해 헌신봉사獻身奉仕해 준다. 아무리 기도祈禱를 신실하게 하고 반성하고 좋은 책을 많이 읽고 들어도 나는 그렇게 할 수가 없다. 아니 하지 않는다.

듣고 안다는 게 무슨 소용이 있겠는가. 이 세상에 천사天使가 있다면 그녀가 아닐까 싶다. 내 곁에 이런 오아시스 같고 선배 같은 후배가 있다는 것이 얼마나 큰 행운이고 축복받은 일인가.

그녀는 항상 앳된 소녀같이 밝고 웃음기 넘치는 목소리로 전화를 한다. "언니 잘 계셨수? 언니가 우울증에 걸렸을까 걱정돼서 엔도르핀 나올 이야깃거리를 많이 장만해 전화했수!" 하며 제 아들, 며느리 이야기를 섞어 우스운 이야기만 들려준다.

그녀의 아들과 우리 아들은 학교는 달라도 동기생이다. 중학교 때부터 방학 때마다 영재교실에서 만났다. 지금은 하버드대학교에서 박사과정을 공부하는 엘리트다.

제 아들이 어느 날 제 아들의 동영상을 보내며 제 아들은 저보다 더 똑똑해 3개월인데도 고개를 빳빳이 잘 들고 할머니께 인사하고 있다고 자랑을 하더라며 아무리 제 아들이 잘났어도 내 아들보다 더 잘나진 않았을 텐데 나에게까지 제 아들 자랑을 하니 말이 되느냐며 나를 웃겼다.

이번 고창 시상식 때에는 친언니같이 얼싸안고 사진을 찍으며 언니가 자랑스럽다며 제 기쁨인 양 축하해주었다. 언니가 이런 상賞을 많이 타 저를 또 이런 자리에 초대해 주면 좋겠다며 어린애마냥 기뻐하고 즐거워하는 모습이 너무 순수하고 아름다웠다.

그녀는 고등학교와 대학도 같은 과 2년 후배다. 대학 때도 언니언니하며 따라 다녔는데 졸업 후 남편이 캐나다대학에서 강의를 해 한동안 못 만났었다. 그런데 고향으로 돌아와 강의를 하게 돼 만나게 되어 친동기같이 지낸다. 후배 말대로라면 엔도르핀 나오는 대화를 하며 정情을 나누고 산다.

그녀는 전북대학교 평생교육원에서 만난 수필창작반 친구이기도 하다. 나보다 20년 가까이 연하이지만 속도 깊고 예의도 바르며 아는 것도 많고 글도 나보다 몇 배나 더 잘 쓴다. 무엇으로 보나 나보다 더 현명하고 야무지다.

그런데 내가 바람, 꽃, 별빛을 좀 일찍 많이 보았다고 깍듯이 선배 대접을 한다. '선생님 선생님' 하며 강의가 끝나면 향香 좋은 찻집으로 데리고 간다.

내가 아는 것이 뭐가 있다고 가끔 마음 실마리가 풀리지 않은 일이 있을 때는 하소연도 한다. 그러더니 올봄 기어코 대학원엘 진학했다.

자아실현 욕구가 강하고 향학열이 뜨거운 그녀다. 조금 늦었지만 꼭 큰일을 해낼 것이다. 지적욕구知的慾求가 강해 이것저것 하는 일도 많은데 평생교육원에도 등록하여 수필과 인연을 끊지 않으려고 애쓰는 모습이 정겹고 예쁘다.

부모자식 간 효孝도 무너지고 친구 간의 신의信義도 없어지며 선후배 간 예의와 질서도 없어져 가는 요즘 세태에 보기 드문 선배 같은 후배다.

우리 아이들도 자라서 철이 들면 공손함, 너그러움, 믿음, 민첩함, 은혜로움恭寬信敏惠을 아는 어진 사람들이 됐으면 한다.

공손하면 업신여김을 받지 않고, 너그러우면 뭇사람을 얻게 되고, 믿음이 있으면 남들이 의지하게 되고, 민첩하면 공이 있게 되고, 은혜로우면 충분히 사람을 부릴 수 있게 된다고 논어 양화-6에서 말했다.

그리하여 정이 넘치고 예의 바르고 질서 있는 선후배들이 되어 옛 동방예의지국이던 우리나라가 다시 새롭게 태어났으면 좋겠다.

(2009. 3. 15.)

감사의 편지

늦가을의 따뜻한 햇살이 병실에 밀려들던 어느 날, 반가운 사람들이 문병을 왔다. 멀리 전주에서 피곤한 줄도 모르고 한나절이나 차를 몰고 온 세 분의 수필창작 목요반 회원님들이었다. 어린 시절 우리 약국 앞에서 뛰놀았다던 속 깊은 딸 같은 미자 씨, 향학열向學熱이 강해서 늦깎이 공부를 시작한 마음만은 늘 행촌수필을 향해 열려 있는 가은이 엄마, 세상을 유람하며 인생의 여유를 만끽하는 K 선생님. 너무 반갑고 고마운 마음을 말로 다 표현할 수가 없었다. 이 이야기 저 이야기를 나누는 동안은 아픔도 좌절도 다 잊어버리고 그저 살아 있음에 감사할 뿐이다. 가을날 오후의 한나절 해는 너무 짧았다. 지영 씨 편지글대로 인연은 하늘이 만들어 주는 것 같다. 몇 년 전만 해도 나는 이분들을 알지 못했다. 같은 교실에서 공부한 인연으로 이렇게 먼 길까지 나를 찾아와 준 것이다.

며칠 뒤 영특하고 예쁜 지영 씨가 딸 태희를 데리고 왔다. 먼 길을 어린 딸을 데리고 정감어린 편지 '선생님! 오늘은 올가을 들어 가장 포근한 날이었어요. 병실 창문 너머로 보이는 하늘도 참 파랬을 거예요. 먼 거리라는 이유로 너무나 늦게 달려온 저를 용서하세요.(하략)'와 두둑한 간식비와 함께 와준 지영 씨는 다 나은 것 같으니 지금 자기와 함께 전주로 가자고 떼를 쓰는데 너무나 귀여운 소녀 같다.

19세기 프랑스 인상주의 화가 르누아르의 작품 '르그랑양의 초상(Le Grand)'에 나오는 르그랑양같이 멋스럽고 어여쁜 어린 딸 태희는 의젓했다. "약사 할머니, 빨리 나아서 전주로 오세요." 하면서 손을 흔들고 가는 모녀의 뒷모습은 한 폭의 수채화였다. 수시로, 좌절하지 말고 힘내라고 성심을 다해 격려해주는 김학 교수님과 목요반 회원님들의 위로와 염려 전화에 감사를 드린다. 교인들과 함께 전주에서 먼 길을 달려와 기도와 찬송을 눈물로 간절히 해주었던 목사님과 동생 공 교장의 은혜도 잊을 수 없다. 날마다 수업을 마치고 늦은 시간에도 꼭 병실에 들러 환한 웃음으로 나를 보며 손톱 발톱이 길었는지 확인하여 깎아주던 귀엽고 살뜰한 내 며느리 희정이의 고마움도 잊을 수 없다.

이른 새벽 화장실까지 와 안위安慰를 확인하고 아픈 곳을 체크하는 더할 수 없이 성실하고 책임감 강한 재할의학과 이현정 선생님, 같은 고향이라고 아프지 않게 주사를 놓아준 한 선생님, 수水치료부터 운동치료까지 꼼꼼히 해준 박 치료사님, 자신의 불편함도 아랑곳하지 않고 늘 웃음으로 맞이해 세심하게 치료해준 작업치료실의 박 선생님. 이 글을 통해 감사를 드린다. 아침 10시 30

분이면 어김없이 재활의학과 선생님들을 대동하고 회진回診하면서 자상하고 다정한 손길로 아픈 곳을 어루만져주며 치료법을 지시하던 나신우 과장님은 인자하고 정감어린 어머니 손길 같았다. 최고의 의술醫術과 권위를 가진 의료인의 모습이어서 감명 깊었다. 쾌유를 비는 간호사님들의 따뜻한 눈길과 손길, 아들의 동료 의사선생님들의 위로와 격려에 힘입어 죽음의 터널을 뚫고 오늘 이렇게 살아 있어서 감사하다.

병원에 있었던 3개월 동안 손발이 되어 먹여주고 환자복을 갈아입혀주고 화장실에 데려다주며 침대에 들어올려 뉘여주고 온갖 치료실을 찾아 데리고 다녀주고 또 날씨가 좋은 날엔 휠체어에 태워 산책도 시켜준 부지런하고 깔끔하고 영리한 간병인 정 여사! 그녀는 오늘도 환자들을 돌보고 있겠지!

낮 산책길에 보아두었던 감을 늦은 밤에 나는 망을 보고 정 여사는 따서 비닐봉지에 담아다 킬킬거리며 먹으면 얼마나 맛이 있던지. 그렇게 맛있는 단감은 처음 먹어봤다. 봄에는 살구 서리를 해서 먹는다면서 봄에 꼭 다시 와서 살구서리를 해 먹자고 우린 약속했다. 약속을 지킬 수 있을지 아직은 모르겠지만 늦가을 감서리를 하던 날 밤은 평생 못 잊을 거야. 정말 고맙고 수고 많았어. 나를 침대에 들어올리며 "가벼워서 망정이지 무거우면 나 못해." 하며 웃던 정 여사의 다정한 손길이 그리워진다. 부디 건강해서 힘든 환자들을 잘 돌봐주고 돈도 많이 벌어서 노후에는 편안히 지내길 바란다.

지난해 12월 30일 저녁에 주치의인 아들에게 상처 하나 없이 날 일으켜 세워준 효심에 감사하다고 정중히 송년인사를 했다.

자기의 의술은 미미微微했지만 어머니의 굳건한 의지와 열심히 운동하신 결과라고 겸손의 미덕까지 갖추어 답례를 했다. 나는 항상 기도한다. '아들이 참 인술仁術의 의사가 되게 해 주시옵소서!' 딸은 바쁜 제 일정을 다 제쳐놓고 먼 거리임에도 날마다 싱싱한 과일과 힘이 날 보양식을 넉넉히 날랐다. 특별히 한의대 교수에게 부탁해 내 체질에 맞는 값 비싼 보약을 만들어 하루라도 빨리 병상에서 일어나기를 기원하는 딸의 깊은 마음과 정情은 자식이라고 다할 수 있는 일이 아닌 것 같다. 속 깊고 고마운 우리 딸 수현이가 없었다면 나는 언제 병상에서 일어날 수 있었을지 모른다. 여러 사람의 간절한 염원念願이 모여지면 죽음의 늪에서도 벗어날 수 있다는 것을 느꼈다. 앞으로 누구든 필요한 곳에 조그만 나의 힘이라도 보탤 수 있다면 남은 삶의 보람과 기쁨이 되겠다.

(2011. 1. 14.)

엄마의 영원한 숙제

12월이면 해마다 되풀이되는 말이 있다. 다사다난多事多難했던 한 해가 저물어 가고 있다고. 올해도 어김없이 반복되어야 할 말이다. 그런데 해마다 반복되는 이 말이 올해 우리 가족에겐 상투적인 의미가 아니라 진정으로 일생을 통해 기억하고 싶은 일들이 일어났던 해인 것 같다.

그동안 얼마나 애타게 기다렸던 아들 정환이의 논문 통과 소식이었던가? 올 2월 전임강사 임용을 받고 꾸준히 논문 준비를 해왔는데 통과 소식이 오지 않아 본인本人은 물론 아내 희정이와 우리 모두는 초조하게 그 소식을 기다렸다. 가을이 깊어가고 겨울의 문턱에 들어섰는데도 애타게 기다리던 그 소식은 오지 않아 나는 자탄自歎에 빠졌다. '내가 등단登壇을 하지 말았어야 했는데…….' 하면서 『대한문학』 등단패 수여 장소인 고창선운산관광호텔에 가는 것도 포기하려 했었다.

11월 20일 밤 11시, 며느리 희정이한테서 전화가 왔다.

"어머니, 드디어 기다리던 그 소식이 왔어요."

떨리는 목소리로 말했다. 방금 이메일을 받았다는 것이다. 미국 유명 의학잡지에서 정환 씨의 논문이 통과됐다는 메일이 왔다는 것이다. 나는 눈물이 펑펑 쏟아졌다. 얼마나 간절히 기도했던 일인가? 학교에 다니면서 많은 기쁨과 보람을 안겨준 아들이었건만 올해의 이 논문통과 소식만큼 더 큰 기쁨은 없었던 것 같다. 홀가분한 마음으로 고창엘 가려고 준비했다. 애들도 기뻐서 모두 오겠다고 하니 신바람이 났다. 한 끼라도 애들이 좋아하는 음식을 먹이고 싶어 이것저것 준비하랴, 내 치장도 하랴, 정말 단단히 바빴다.

사람은 태어나는 순간부터 다사다난하다. 성장하려면 젖도 부지런히 먹어야 하고, 배설물도 내놓아야 한다. 그 일 자체만으로도 바쁘다. 거기에다 옹알이, 걸음마 연습, 말 배우기 등등. 학교에 가면 공부하기는 또 얼마나 바쁜가? 온갖 공부를 다해야 한다. 운동도 하고 놀기도 해야 한다. 요즘 애들은 한시도 한눈팔 시간이 없다. 초등학교 들어가기 전부터 여러 가지 전문 학원을 여기저기 다녀야 한다. 하루 24시간이 부족하다. 부모들의 욕심으로는 하루가 48시간이라도 모자란다. 고전苦戰고투苦鬪하여 대학이라는 곳에 들어가면 학문의 성취를 위한 공부보다 취업 준비와 경쟁으로 밤을 지새워야 한다. 그래도 운이 좋은 몇 %만이 안정된 인생을 시작할 수 있다. 여기부터 끝이 아닌 진짜 시작이다. 밀려나지 않으려면 머리끈과 신발 끈을 동여매고 또 뛰어야 한다. 우리 애들도 예외가 아니다. 선망의 대학에 들어갔으나 고민하며 고통스럽고 지겹게 공부를 했고, 자리를 잡고도 논문에 매달려 살아야 했다. 그나마 결과가 좋아서 다행이다. 이게 다 된 게 아니다. 계속 눈이 아프게 책을 보고 연구해서 논문을 쓰고 또 써야 한다.

고창에 갔다 오는 승용차 속에서 또 논문 한 편이 이태리 의학지에 통과되었다고 했다. 이렇게 좋은 날이 있구나! 하느님께 너무 감사하다는 말로는 부족할 것 같아 더 드릴 말을 잃었다.

"장하다! 우리 아들, 기어코 해냈구나!"

이제는 조금 자신감이 생겼다며 활짝 웃는 아들의 모습이 오늘따라 더 믿음직스러웠다.

"우리 윤 서방! 장하다. 이 어려운 시기에 그 많은 식구들의 생계를 책임지고 있으니 얼마나 어깨가 무거운가? 성실하고 실력 있으며 추진력이 강한 자네를 이 장모는 믿네. 어떤 어려움이 닥쳐도 자네는 모든 난관을 이겨내고 꼭 튼튼한 기업을 일궈내리라 믿네. 자네 뒤에는 항상 기도하고 염려해 주시는 부모님과 지혜로운 아내, 귀엽고 사랑스런 희지와 태웅이가 있지 않나? 바쁘고 힘겹게 회사를 꾸려가면서도 가정에 충실하고 가족을 아껴주는 자네의 노고에 고마움과 칭찬을 아끼지 않네. 자네가 자랑스러우이."

"우리 딸 수현이, 정말 장하다! 태웅이 낳고 늦게 다시 시작한 공부. 자식을 키우면서 공부하고 일한다는 것이 얼마나 힘들고 어렵다는 것을 누구보다 잘 아는 어머니지만 도움을 주지 못해 정말 미안하다. 엄마가 늘 말했지? 엄마에게도 인생이 있다고.

노후대책도 마련해야 하고, 아직도 이루고 싶은 꿈이 남아 있어. 너에게 갈 수 없었던 거, 우리 딸은 이해해 주리라 믿고 엄마는 독하게 마음먹고 눈을 감고 살았단다. 엄마의 생각이 옳았다고 그렇게 생각해주리라 믿어. 얼마나 힘들었니? 이제 준비가 다 되어 내년 봄에 논문을 상재하면 네가 평생 꿈꾸었던 꿈의 무대에서 명강의名講義를 하는 석학碩學이 되리라, 어머니는 꼭 믿는다. 우리 딸 파이팅이다."

"며느리 희정아, 고맙다. 영민하고 착한 심성으로 네 남편을 그렇게 잘 보필하고 내조內助해 주어서. 정환이 부족한 영어실력을 네가 보완해 주어 논문 통과에도 일조를 한 네 공로를 치하해 주고 싶구나. 내가 잘못 키워 화를 내면 불 같고, 떼를 잘 쓰며, 어리광이 심한 네 남편의 뜻을 잘 받들어, 환자 진료, 논문 쓰기에 힘들어하는 정환이를 항상 밝고 건강하게 지켜주어서 정말 고맙구나. 그리고 이번에 내게 준 귀한 선물도 고맙다. 내년에는 내가 내준 숙제를 꼭 해주었으면 정말 고맙겠다. 부탁한다. 이 어머니는 네가 숙제를 끝내는 날을 위하여 잘 익은 달덩이 같은 호박을 준비해 두겠다. 우리 착하고 어진 며느리 희정아!"

나도 올해 큰일을 해냈다. 평생 꿈이었던 작가로 등단을 했다. 문학을 일찍부터 시작해 많은 일을 이루어낸 문인들에게는 아주 작은 일이겠지만 나에게는 등단이라는 사실이 산만큼 높고 가을 들판처럼 풍성하며, 햇빛 찬란한 물결처럼 빛나고 기쁘고 영광스런 일이다. 언제까지 생각의 실마리를 잃어버리지 않을지 모르지만 그때까지 펜을 놓지 않으련다. 올해 우리 가족이 해낸 일들은 하느님의 축복 없이는 이루어질 수 없는 일들이다.

이 엄마는 칭찬하고 또 칭찬해 주리라. 우리 자식들이 해낼 때마다 그리고 눈감는 순간까지 기도하고 또 기도하리라. 정성이 하늘에 닿을 때까지, 이것만이 엄마가 할 수 있는 여생의 숙제라고 생각한다. 기쁨과 영광과 행복을 가득 주었던 2008년이여, 아듀!

(2008. 12. 30.)

해피 앤드 언 해피

어젯밤 딸에게서 전화가 왔는데 요새 해피하시냐고 물었다.

소위 남들이 말하는 좋은 대학 영문과를 나와 이제까지 영어와 관련된 일을 하고 살지만 한 번도 나에게 영어로 말하거나 인사를 한 적이 없었다. 그런데 어젯밤 갑자기 해피(happy)하시냐고 인사를 하니 '이 애가 왜 이러지, 무슨 음식을 잘못 먹었나?' 순간 걱정이 되었다.

사연인즉, 초등학교에 다니는 제 딸이 아침마다

"어머니, 오늘도 해피하게 사세요!"

라고 인사를 하고 간단다. 인사를 받고 보니 그 말이 좋은 것 같아 나에게도 한 번 그렇게 인사를 해봤다며 멋쩍게 웃었다. 혹시 기분이 우울하게 보이면 오늘도 어머니가 언 해피(unhappy)하게 보인다며 긍정적인 생각으로 하루를 해피하게 지내시라고 당부하고 간단다.

요즘 너나없이 초등학교 때부터 어학연수들을 보내니 그 외손녀도 예외 없이 방학만 되면 관광 겸 여러 나라로 어학연수를 보내더니 이제 좀 영어에 친숙해져서 실력발휘를 하는지 인사를 영어로 하는 모양이다. 나도 딸이 갑자기 영어로 인사를 하니 웃음이 나왔다.

우리말로 그냥 행복하냐 불행하냐 하면 좀 무거운 느낌이 들어 쉽게 대답하기 어렵다. 그러나 영어로 해피하냐 언해피하냐 하면 가벼운 일상의 감정표현으로 들려 심각해지지 않는다. 영어사전을 들춰보니 happy란 좋은 운수, 심신의 욕구가 충족되어 만족감을 느끼는 정신의 상태이고 평화는 인류의 행복이라고 간단하게 적혀있다. 행동 자유권과 인격의 자유 발언권 및 생존권, 먹고 싶을 때 먹고 놀고 싶을 때 놀며, 자기 멋에 살고, 멋대로 옷을 입고 단장하는 등의 자유, 자기가 추구하는 행복의 개념에 따라 생활할 수 있다.

우리나라 헌법 9조에도 모든 국민은 인간으로써 존엄과 가치를 가지며 행복을 추구할 권리가 있다고 되어 있다. 어떠한 개인도 타인의 행복 추구권을 침해하지 못한다. 질서유지 공공복리를 위하여 본질적인 내용을 침해하지 않는 한도 내에서라도 거창하게 되어있다. 행복이란 이런 세세한 내용이 아니라 옛 선비들의 나물 먹고 물마시고 팔베개 베고 바위에 누워 푸른 하늘을 바라보는 빈 마음을 가질 때가 아닐까. 생존경쟁이 하늘을 찌르는 요즘, 젊은이들은 한가한 소리한다고 핀잔하고 얼빠진 사람 취급을 할 소리인 줄 안다. 그래도 유유자적하며 올곧게 살던 우리 선조들의 삶이 그리워진다.

내가 어렸을 때에도 어려운 일을 많이 겪었다. 6·25사변 이후 구호물자인 옥수수죽으로 연명하며 살던 시절도 있었다. 그러나 그때 우리는 농약이나 환경호르몬 같은 것은 알지도 못했고, 환경오염에 대한 걱정도 없었다. 요즘 사시사철 때를 가리지 않고 먹고 싶은 것 다 먹고, 입고 싶은 것 다 입고 살지만 여러 가지 공포 때문에 전혀 행복하지 않다. 행복이란 소박하고 비어 있고 모자란 것이 많은 곳에서 찾을 수 있지 않을까.

며칠 전, 문화유산답사반에서 부여 백제문화 탐방을 갔었다. 궁남지 연꽃들을 보는 순간 해피했고, 한국전통문화학교란 곳에 가서 자세한 홍보내용도 들었다. 더울 때 시원한 한옥의 방과 마루에서 수박대접을 받으니 해피했다. 우리 전통공예를 계승하기 위해 이런 학교가 있어 마음이 든든했다. 더 해피한 것은 그 대학 총장이 문화유산답사반 회장의 제자여서 하회탈목걸이 하나씩을 선물로 받았다. 나는 목걸이나 반지 등 장신구를 잘 하지 않는 성격이어서 방안에 못이 하나 박혀있기에 걸어 두었다. 그리고 방에 들락거릴 때마다 그 하회탈목걸이를 보면 웃음이 나오고 그야말로 우리 외손녀 말대로 해피해진다. 주름진 이마에 초승달 같은 눈매, 복스런 주먹코, 함박 벌어진 입에 웃음이 가득하니 친근하고 소박하며 근심걱정 없는 우리네 시골 노인의 모습이다.

부여박물관에서 구입한 백제금동대향로는 국보 287호로서 높이 61.8cm로 백제사람들이 향을 피우는데 사용한 것으로 1300년 전 7세기 말경에 제작된 것으로 추정되며 1993년 부여 능산리 절터에서 한 농부가 밭을 갈다 발견하였다고 한다. 향로의 정상에는 힘차게 날갯짓하며 곧 날아오를 듯한 봉황이, 뚜껑에는 봉래산의 신선계가 새겨져있고 본체에는 만개한 연꽃이 조각되었으며, 용을 형상화한 받침으로 이루어져 있다. 뚜껑에 있는 12개의 구멍에서 향연기가 피어나도록 되어 있다. 비록 작은 모조품이지만 예술성과 섬세함과 신선계의 의미가 깊은 아름다운 향로이다. 보고 있노라면 옛 사람의 정교한 솜씨와 안목에 감탄을 금할 수 없어 해피해진다.

행복은 멀리 있는 것이 아니다. 나는 아침저녁 우리 집에 있는 이런 작은 물건들을 보면서도 해피해진다. 먼 여행에서 돌아오는 늦은 밤, 어둠이 깔린 가을걷이가 끝난 황량한 들판, 그 너머 산등성이 아래 낮고 초라한 집에서 흘러 나오는 불빛을 차창을 통해 볼 때, 나는 쓸쓸함과 외로움 때문에 언 해피해진다.

어느 가을날, 낙엽 뒹구는 설악산 산길을 걸을 때도 그 스산함 때문에 나는 언 해피해졌었다. 12월 30일 격포 앞바다에서 지는 해를 보며 일 년과 인생의 허망함 때문에 언 해피해졌던 적도 있었다. 인생은 늘 해피하거나 언 해피한 것만은 아닌 것 같다. 이들이 교차하고 겹치면서 지나가는 것 같다. 제 엄마에게 해피와 긍정적인 하루를 가르쳐준 외손녀가 있어서 나는 날마다 해피하다.

(2007. 7. 19.)

3부

가을이 오는 소리

아! 가을인가 봐

마루에 앉아 있으려니 뒤란 텃밭에서 풀벌레들의 오케스트라 연주가 제법 조화롭게 들렸다. 아! 가을인가, 혼자 중얼거려 보았다.

처서處暑가 지나고부터는 아침저녁 서늘한 기운이 긴 소매 옷을 걸치게 한다. 앞마당 동백나무에 내려쬐는 햇볕도 여름의 땡볕이 아니고 부드러운 바람 같은 햇살이다. 눈을 들어 하늘을 보니 높고 푸른 하늘에서 하얀 뭉게구름이 흘러가고 있다.

계절은 어김없이 오고 간다. 봄은 새의 지저귀는 소리로, 여름은 폭우와 천둥번개의 섬광으로, 가을은 풀벌레의 애절한 합창과 곡식을 여물게 하는 자애로운 햇살로, 우리들의 가슴을 단풍들게 한다.

오이 잎이 누렇게 조락凋落의 날을 기다리고 있다. 여름에 푸르고 싱싱하던 잎이 오이를 만들더니 이제는 제 임무가 끝났다는 듯 땅에 떨어져 밑거름이 될 날만 기다리고 있다. 운동장에는 고추잠자리들이 추락을 위해 은빛 날개를 퍼덕이며 비상하고 있다. 자연의 섭리攝理를 거스를 수 없는 것이 우리 인간의 한계다.

세월은 시위를 떠난 화살처럼 빨리 지나간다. 우리의 인생도 세월의 두께만큼 가라앉고 있다. 살아가는 동안 실타래처럼 얽히고설킨 인연으로 얼마나 많은 밤을 애통해하고 서러워했으며, 웃고 기뻐하며, 행복해했던가. 그러나 이 모든 것은 순간적으로 지나가고 마음의 진정한 평안은 외로운 시간에만 찾아온다. 나는 혼자 다니고 앉아 있는 것을 좋아한다. 그때만이 옹달샘 같은 맑음과 적막 속에서 평안을 얻을 수 있어서다.

이제 조금 있으면 단풍놀이에 사람들은 빠져들 것이다. 어떤 부모는 자식들의 진학進學과 일자리 때문에 속앓이를 하고 누구는 부모, 자식, 형제의 떠남에 허망함과 슬픔으로 눈물을 흘릴지라도 단풍이 곱게 물든 곳에는 사람의 물결이 밀려들 것이다.

세상은 냉혹하고, 남의 일은 쉽게 잊힌다. 그래야만 내가 살아남을 수 있으니까. 나도 그 대열에 끼어 왔다 갔다 할 일을 생각하니 무엇을 위해 살아왔고 남은 생은 무엇을 위해 살 것인가. 이 청명한 가을에 깊은 사색에 잠겨본다.

오늘 밤 달은 반쯤 걸려 있어도 달빛만은 밤하늘을 환하게 밝히고 있다. 테이프에서는 러시아적인 침울한 서정, 세련된 우아함의 감동을 주는 '차이콥스키'가 작곡하면서 몇 번이나 울었다는 마지막 교향곡 제6번 B단조 「비창」 제4악장 피날레가 느린 속도의 비통한 느낌으로 울려 퍼지고 있다. 나는 이 '차이콥스키'의 깊고 끝없는 애처로움과 감상적인 「비창」을 좋아한다. 가을은 이렇게 오고 있다.

올해도 어김없이 잘 익은 홍시는 내 입맛을 충족시켜 줄 것이다. 풍성하면서 텅 빈 가을은 들국화 향기와 낙엽 밟는 소리로 추억과 쓸쓸함을 남겨놓고 또 떠날 것이다.

오면 가는 것이 세상사임을 우리 모두는 다 안다. 그래도 옆에 있을 때는 소중한 줄을 모르고 내치다가 떠나고 나면 아쉬움과 애석함 속에 사는 것이 우리 인간의 모순矛盾이다.

이 가을에 후회되지 않는 충실한 내면의 삶을 위하여 더 많은 책을 읽고 깊이 사색思索해 보는 시간을 가져 보아야겠다.

가을의 시詩하나 적어 본다.

가을의 첫 줄을 쓴다.
깊이 생채기 진 여름 끝의 자국
흙탕물이 쓸고 간 찌꺼기를 비집고
맑은 하늘의 한 자락을 마시는
들풀의 숨소리를 듣는다
금실 같은 볕살을 가슴에 받아도
터뜨릴 꽃씨 하나 없이
쭉정이 진 날들
이제 바람이 불면

마른 잎으로 떨어져 누울
나는 무엇인가
잃어버린 것과 산다는 것의
뒤섞임과 소용돌이 속에서
쨍한 푸르름에도 헹궈지지 않는 가을의 슬픔을

가을의 첫 줄에 쓴다
서가序歌, 이근배

(2009. 9. 첫날)

오래된 인연

Y엄마는 오늘도 늦은 밤 오토바이를 붕붕거리며 어두운 골목길을 지나 우리 집 대문 앞에서 멈췄다. 이번 설 명절에 쓸 물건들을 시장에서 사가지고 온 것이다. 그러면서 내가 이 집을 왜 이렇게 밤늦게까지 다녀야 하느냐며 투덜댄다.

Y는 우리 아들과 동갑내기다. 우리 아들이 초등학교에 들어가기 전부터 Y엄마는 우리 집을 다니며 우리 아이들이 좋아하는 음식을 만들어 주었다. 명절이 다가오는데 내가 시장에 갈 상황이 아닌 사실을 뻔히 알면서 모른 체할 수가 없다는 것이다.

Y엄마는 힘든 일을 하며 산다. 봄에는 꽃나무를 가꾸어 팔고, 겨울철에는 비닐하우스에서 채소를 가꾸어 시장에 내다 판다. 오랜 세월 동안 쭈그리고 앉아 밭에서 풀을 뽑고, 꽃나무와 채소들을 가꾸고, 겨울에는 또 시장에서 쭈그리고 앉아 채소를 팔았다. 그러기에 무릎에 관절염이 생겨 잘 걷지 못하니 자기는 여장부女

丈夫라며 오토바이를 타고 다닌다. 아들과 딸을 서울 명문대에 보냈는데 지금은 그 아들 딸이 모두 선생님이 되어 잘 살고 있다.

이번 사고로 내가 병원에서 전주 집에 오자 바로 그녀가 오토바이를 붕붕거리며 찾아와서 김장은 어떻게 할 거냐고 물었다. 언제는 나 혼자 김장을 했을까마는 올해는 도저히 엄두가 나지 않았다. 주치의도 김장을 하지 말라고 했다니까 "아이고, 김장 안 하고 잘도 주무시겠네!" 정환이 김치 때문에 겨우내 얼마나 후회하려고 그러느냐면서 어떻게든 해봐야지 않겠느냐고 했다. 나는 걱정이 되었다. Y엄마도 무릎이 성치 않고 나도 잘 일어설 수도 없으니 당치않은 생각이라고 단념하고 있었다.

그러던 11월, 해마다 김장하던 그날 찾아와서 김장거리 사러 가려니 돈을 내놓으라고 했다. 혼자 어떻게 시장을 보고 물건들을 가져오려 하느냐니까 어떻게든 해 봐야지 않느냐며 나갔다.

나는 S엄마에게 전화를 했다. 그녀도 당연히 올해는 내가 김장을 못할 줄 알았다며 급히 자기 집 차 중에서 제일 큰 차를 가지고 와서 Y엄마를 도왔다. 김장할 물건들을 싣고 와서 골목길을 오가며 김장거리를 날랐다. 나는 구경꾼같이 가만히 앉아 구경만 했다. 힘든 김장을 나는 힘 하나 들이지 않고 오랜 인연들의 도움으로 무사히 마쳐 아들에게 택배로 부쳐 주었다. 해마다 이렇게 했던 김장이었지만 나도 구경만 하지는 않았다. 주인 겸 심부름꾼 역할과 뒷바라지는 내 몫이었다.

S엄마도 우리 아들 초등학교 자모회에서 만나 우리 집에 힘든 일이 있을 때면 팔을 걷어부치고 도와주는 오래된 인연이다. 자식 코 한 번만 닦아주어도 몇 겁劫의 인연이라는데 우리 아들이 좋아

하는 음식을 해주는 이들과의 인연은 몇 억겁億劫일지 가늠할 수도 없을 것 같다. 눈빛만 봐도 무엇을 하고 싶은지 알 수 있는 오래된 인연들은 오래 숙성된 간장이나 된장 맛같이 깊고도 진하다.

신앙심 깊은 한 친구는 소중한 인연의 끈을 놓지 않게 해 주시라고 기도한다고 했다. 나도 같은 마음으로 기도를 한다.

(2011. 2. 18.)

어느 가을날 운동장에서

지금 나는 운동장 트랙을 열 바퀴째 돌고 있다. 아직도 다섯 바퀴 더 돌아야 한다. 운동장을 한 바퀴 도는 데 4분씩 걸린다. 특별히 할 일이 없거나 밖에 나갈 일이 없을 때는 기린봉으로 간다. 그러나 할 일이 많아 시간이 넉넉지 않을 때는 집에서 가까운 초등학교 운동장으로 가서 한 시간씩 걷는다.

언젠가부터 초등학교 운동장은 초등학생들보다 노인들의 놀이터가 되었다. 아이들은 공부시간이 끝나기 바쁘게 학원으로 가버리기 때문이다. 초등학교 때부터 영어, 논술, 피아노, 컴퓨터 등 온갖 학원을 전전해야 겨우 대학이라는 이름의 전당에 발을 들여 놓을 수 있으니 말이다. 가여운 우리 아이들이다. 공부만 잘해 일류학교만 가면 제일 잘난 아들이자 손자들이니 이들도 어쩔 수 없는 선택이다. 놀이와 운동을 하지 않으니 신체는 나약해지고 지구력은 없어져 끈기와 인내심이 길러질 리 없다. 마음껏 뛰놀지 못하니 쌓인 스트레스로 착한 성품이 될 수도 없어서로 친구끼리 시기 질투에 왕따와 폭행이 난무하는 세상이 되었다.

운동장을 돌 때 보니 교실 앞에 아롱이다롱이반이라고 씌어져 있어서 그 앞을 지날 때는 입가에 미소가 지어진다. 귀여운 아이들의 모습이 상상되어서다. 또 역사 교육관이란 곳도 있다. 거기서는 흐뭇했다. 우리 아이들이 우리 역사, 세계 역사를 배우면 미래에 어떻게 대처해야 할지 판단력과 가치관이 길러질 테니까 말이다. 그러나 학교가 끝나기 바쁘게 아이들은 흩어져 제 갈 길로 가고 나면 운동장은 텅 빈다. 그 자리를 갈 데 없고 할 일 없는 노인들이 차지하고 잡담을 나누거나 가끔은 나같이 걷기운동을 한다. 운동장에 할 일 없이 앉아 있는 노인들의 모습은 더 처량하고 가엾기 그지없다. 할아버지들은 무엇을 해야 담뱃값이나 술값을 벌 수 있을지 이 궁리 저 궁리들을 한다. 그러나 뾰족한 수는 없는 모양이다. 할머니들은 여기저기 안 아픈 곳이 없단다. 거기에 며느리들의 눈치까지 보아야 하니 사는 게 죽느니만 못하다고 하소연이다. 어쩌다 사는 세월은 길어져 설움과 고통을 감내하면서 살아야 하는지 실버들의 서글픈 한숨 소리가 운동장에 메아리쳐 돌아온다. 평균수명이 길어진 것이 축복만은 아닌 듯싶다.

30여 년 전 푸른 하늘이 높아진 어느 가을운동회 때 우리 딸 수현이가 달리기 선수로 뽑혔다. 운동을 잘하지 못하고 약한 우리 수현이가 달리기 선수로 뽑혔다는 것은 기쁨 그 자체였다. 그날 나는 마치 내가 선수라도 된 양 들뜬 기분으로 빨강 모자,

빨강 점퍼, 빨강 운동화에 흰 바지를 입고 새로 산 미놀타 수동카메라를 어깨에 메고 온갖 일은 다 제쳐놓고 맛있는 먹을 것들을 몇 바구니 준비해 가지고 일찍 운동장으로 갔다. 드디어 달리기 경기가 시작되었다. 안간힘을 쓰며 젖 먹던 힘까지 다 내며 꼴찌로 달리고 있는 귀여운 내 딸. 꼴지라도 좋았다. 선수로 뽑혔다는 것만으로 가문의 영광이요 환희였다. 나는 연신 계속해서 셔터를 눌러댔다. 지금도 그때 찍은 사진을 간직하고 있다. 그 꼴찌로 달려오는 빛바랜, 우리 딸의 사랑스런 흑백사진을…….

그 뒤 10년이 지나 아들이 초등학교에 다녔다. 아들은 공부도 잘하고 씩씩하며 운동도 잘했다. 운동회 때나 학교 행사 때면 전체 학생 대표로 선서를 하였지만, 딸이 꼴찌로 달리던 달리기 경기 때보다 더 큰 감격과 기쁨은 아니었다.

지금은 두 아이의 엄마가 된 수현이가 어느 가을날,

"엄마, 오늘 희지 운동회 날인데 희지가 달리기에서 3등을 했어. 너무 귀엽고 예뻐!"

하고 핸드폰으로 문자 메시지를 보냈다.

"지금 그 시간이 네 인생에서 가장 행복한 시간일 것이다. 너는 젊고 네 아이는 귀여운 어린애니까. 나도 너 학교 다닐 때 그랬어. 너는 꼴찌를 해도 나는 기뻤고 사랑스러웠었다. 그런데 네 딸은 3등이나 했으니 오죽 좋았겠니?"

흘러간 세월이 아쉽고 그리웠다.

운동장을 돌 때면 우리 아이들과 함께했던 기쁨의 순간들이 스쳐지나가며 그리움과 서글픔, 외로움의 늪 속으로 빠져든다. 어느새 열다섯 바퀴를 돌아 한 시간이 지났다. 발길을 집으로 돌리며 언제나 운동장에서 아이들의 공 차는 소리와 뛰노는 활기찬 소리를 들을 수 있을지 그날이 올 때까지 나는 시간 나는 대로 운동장을 걸으리라 생각했다.

(『대한문학』 2008, 가을(등단작)호 게재)

대왕 세종

궁중 안 모든 사람들 즉 대신에서부터 나인에 이르기까지 그렇게 소망했건만 정소 공주는 부왕인 대왕 세종의 품에 안겨 어린나이에 이 세상을 떠난다. 동부대감 윤회가 손수 달여 바치는 약의 정성도 효험이 없었다.

사위인 대왕 세종의 안위를 위하여 부원군 영의정 '심온'은 역모로 몰려 죽임을 당하고, 소헌왕후의 친정어머니는 노비가 된다. 마음이 여리고 착한 어린 정소 공주는 외할머니의 고생을 면하게 해달라고 부왕인 세종에게 눈물로 간청하지만 야속한 부왕은 들어주지 않는다. 아니 들어줄 수가 없었다. 유능한 신하들을 잃을 수 없기 때문이었다. 깊은 시름에 가슴앓이를 하다 대왕 세종과 소헌왕후 그리고 모든 형제자매들이 지켜보는 가운데 부왕의 눈물을 받으며 저 세상으로 갔다.

세종은 조선왕조 500년 역사상 가장 위대한 성군으로서 우리 역사에 길이 남은 분이다. 백성을 가르치는 바른 소리라는 훈민정음訓民正音, 세계 언어학자들도 인정하는 뛰어난 문자를 만들었다. 우리 국민을 문맹에서 탈출시켜 교육열이 세계 어느 나라에도 뒤떨어지지 않는 나라가 되었고, 짧은 시일 안에 세계 12위라는 경제대국이 될 수 있었던 것은 한글 창조의 그 위대함 때문이리라.

관노였던 '장영실'의 재주를 아껴 온갖 대신들의 반발에도 불구하고 끝내 상의원 별좌에서 정오품 벼슬까지 올려주어 천문관측기인 간의대를 조성하여 앙부일구, 자격루, 측우기를 만들게 하고 혼천의를 만들어 그 시대 천체운행과 지구구형설까지 알아내 명나라 하늘까지 훔쳐오는 대담함을 보인 분이 대왕 세종이시다.

대제학 '정초' 같은 집현전 학사로 하여금 곡식재배법과 경험담을 실은 농업의 기본서 『농사직설』을 만들게 함으로써 농사를 잘 지어 백성들의 삶을 윤택하게 하여 경제적으로도 안정을 얻게 했다. '박연'으로 하여금 아악을 정리하고 향악을 궁중악으로 만들어 민족음악의 기틀도 만들었다. 삼강행실도를 만들어 백성들로 하여금 윤리적으로 바르게 살도록 했다. 과학발전, 경제안정, 바른 백성들로 이끌고자 많은 노력과 지혜를 기울인 성군이었다.

백성의 목숨을 귀히 여기고 아끼는 덕德의 정치를 베풀려 하나 끝없이 도전해오는 병조판서 '조말생'의 권모술수 때문에 실의에 빠진 힘든 세종의 모습은 고독하고 힘겨워 보인다.

권력과 정치란 무엇인가? 사랑하는 딸 정소 공주, 현명하고 지혜로운 아내 소헌왕후가 가슴에 피멍이 들어 죽도록 버려둘 수밖에 없는 냉혹한 가장家長 노릇을 해야 하는 것이 군왕이 해야 할 정치고 권력이라면 권력은 하늘만큼 높고 태양만큼 큰 것일까?

모두를 얻기 위해서는 모든 것을 버려야 한다는 것을 알고 있는 세종이기에 북삼도 백성들이 도성 안에 불을 지르고 궁중까지 잠입해 왔을 때 그들 앞에 나아가 무릎을 꿇고 백성의 목숨을 하늘같이 귀히 여기겠다던 약속을 지키지 못한 군왕을 벌해 달라고 용서를 빌었다. 참 용기와 진정성을 가진 대왕 세종 같은 지도자가 이 시대에도 있다면 종교분쟁으로 인해 거리로 뛰쳐나오는 스님은 없으리라. 정치 지도자라면 요즘 「대왕 세종」이란 드라마를 보면서 무엇인가 깨달아야 할 일이다. 백성을 위하고 백성을 보살피는 세종대왕의 마음을 꼭 본받아야 할 일이다.

풍요로운 가을이 오니 서로 풍성한 마음으로 감싸안고 화해를 해서 하루빨리 안정된 사회가 되기를 바라는 마음 간절할 뿐이다.

(『완주신문』 2008. 9. 10 게재)

군왕의 스승

누구에게나 선생님이 있다. 유치원과 초등학교에서부터 대학까지 다 선생님의 가르침과 지도로 성장하여 자기 자리를 잡을 때까지 수많은 선생님의 손길을 거친다. 그러나 마음에 남는 스승님은 과연 몇이나 만났었는지 생각해 볼 일이다.

대왕 세종에게는 이수李隨라는 스승이 있었다. 호號는 심은深隱으로 태종 10년(1410년) 태종이 경명행수經明行修 한 사람을 구할 때 성균관 추천을 받고 소명을 내렸으나 얼마 안 되어 과거공부를 하고자 사퇴하고 돌아와 왕명을 받고 세종의 스승이 되었다.

이수는 어린 충녕대군을 일찍부터 세상과 부딪혀 백성의 고통을 알게 하고, 어떻게 정치를 하는 것이 백성을 위하는 길인지를 가르치려 충녕대군으로 하여금 눈물도 많이 흘리게 하고 뼈를 깎는 아픔을 견디게 하는 등 왕재王才의 교육을 시켰다.

북삼도 경성에서 유배나 다름없는 생활을 하면서 백성에 대한 사랑, 스스로에 대한 인간애 등을 깨우쳐 나가면서 현자賢者로 거듭났다. 군왕이 되었을 때 국토를 넓히고자 명明과 여진족에게 빼앗긴 영토를 찾기 위해 공험진 경계비를 찾으려 했다. 공험진은 고려시대 진鎭의 옛 이름으로 백두산 북동쪽에 있는 함경북도 회령부에 있던 지명으로 두만강 건너 소화강 강변에 있었다.

제자인 군왕 세종을 위해 공험진 경계비를 찾는 데 스승인 이수는 온갖 위험을 무릅쓰고 세종이 애정을 갖고 돌봐주었던 북삼도인 담이 일행의 도움을 받아 어렵게 경계비를 찾았다. 이 기쁜 소식을 군왕에게 알리고자 단신으로 달려오다 뒤따라온 명의 정보요원인 동창들에게 붙잡혀 독약이 든 술을 마시게 되고 독毒이 퍼져 목숨이 위험한데도 말을 달려 한양 성문에 들어와 말에서 떨어져 죽는다. 이때 제자인 세종은 달려와 스승의 손을 붙잡고 눈물을 흘린다. 너무 어려운 일을 스승님께 부탁드렸다고, 이수는 세종의 손을 잡고 제자인 군왕의 꿈을 위해 일할 수 있어 행복했다며 편안히 눈을 감는다. 스승과 제자의 정情과 인연이 봄 동산같이 따뜻하고 아름답다.

군왕은 스승의 가르침에 잘 따랐고 스승은 제자를 위해 죽음길을 마다하지 않고 나서는 샘물 같은 깊은 사랑에 존경을 보내지 않을 수 없다. 세종이 성군이 될 수 있었던 것은 다 이 같은 스승의 은혜가 있었기 때문이 아닐까 생각한다. 후일 이수는 세종의 사당祠堂에 함께 모셔진다. 스승과 제자의 도리道理와 정情이 땅에 떨어진 요즘, 본받아야할 일이 아닌가 싶다.

『팔도지리지八道地理志』를 만든 신장申檣 역시 후일 문종이 된 세종의 아들 향의 스승으로서 세종의 소망을 위해 집현전 학사로서 열심히 일한다. 소갈병과 심장병에 걸려 죽음을 맞으면서 제자인 세자 향의 손바닥에 논어論語 위정爲政편 범24장에 나오는 위정이덕 비여북신 거기소이중성 공지爲政以德 譬如北辰 居其所而衆星 共之 '정사를 하되 도덕을 근본으로 삼아 한다면 마치 북극성이 제자리에 자리잡고 있는데 모든 별들이 이를 향하여 도는 것과 같다.'라고 써주며 눈을 감는다. 저 세상으로 가면서도 어린 세자인 제자를 못 잊어 아들인 신숙주보다 더 애틋해하며 챙긴다. 제자인 세자는 부왕에게 그만 신하들을 위하여 큰 꿈을 작은 꿈으로 바꾸시라고 눈물로써 간청한다.

그 뒤 최만리가 세자의 스승이 되어 세종의 너무 큰 꿈 때문에 명나라와의 관계를 걱정하고 고민하는 세자 향에게 의를 위해 싸워 나갈 때 자신감이 생긴다며 세자 향을 위로하고 힘이 되어준다.

나도 학교에 다니면서 많은 선생님들의 가르침으로 오늘의 내가 되었다. 그 중 마음에 크게 남은 스승님도 계신다. 요즘 인생의 끝자락에서 여가로 다니는 한문교실과 평생교육원에서 훌륭한 스승님 두 분을 만났다.

한문교실의 선생님은 겨울 산의 한 그루 소나무처럼 청정淸淨하고 한 촉의 난蘭같이 고매하시다. 많이 깊이 아신다. 겸손하고 강건하시다. 86세이신 선생님은 3시간 이상을 한 치의 흐트러짐 없이 꼿꼿이 서서 논어에서부터 맹자, 한시漢詩, 자치통감, 사자성어 등 자세하고 깊게 가르쳐 주신다. 나는 듣고 다 잊어버리지만 거기에 앉아 있는 것만으로도 마음이 가득 채워지고 정결해진다. 어떻게 마무리하고 가는 것이 사람답게 살다 가는 길인가를 차분히 생각해보는 시간이다. 삶에 대한 성찰省察과 관조觀照의 시간이다.

평생교육원 K교수님은 우선 성실하시다. 책임감이 강하고 제자 사랑이 가득한 분이다. 글을 올리면 어떤 일이 있어도 24시간 내에 정순이 동생 말대로 잘 다림질되어 온다. 실수를 해도 잘 모르는 것이 있어도 별 걱정이 안 된다. 교수님이 잘 손질하여 바르게 해 주시니 말이다. 조금이라도 잘된 글이 있으면 제자를 널리 알리고자 문예지나 신문에 실어 주신다.

얼마 전 부족한 내 글을 지방지 신문에 실어 주셔서 날갯짓을 시작한 갈매기가 푸른 하늘을 나는 꿈을 꾸며 파도 일렁이는 바닷가에서 소리치고 싶었다.

감히 내 글이 신문에 나오리라고 상상이나 했겠는가. 이 모두가 다 좋은 스승님이 계신 까닭이다. 사람에게는 타고난 부모 복, 부부 복, 자식 복이 기본이지만 특별히 스승의 복을 잘 타야 인생이 아름답게 마무리되는 축복을 받는 것 같다.

지금 나는 사는 것도 가는 것도 풍요롭고 평안하고 행복하다. 그것은 지평선으로 넘어가는 일몰의 노을빛을 더없이 곱게 물들여 주시는 두 스승님 덕분이다.

(2008. 10.)

가을이 오는 소리

백수의 제왕인 양 그렇게 힘차게 울어대던 매미소리도 요새는 작아져서 갈 날을 받아놓은 듯 구슬프게 들린다. 낮에는 노랑나비 한 마리가 동백나무 사이를 기웃거리더니 제 앉을 자리가 없음을 눈치챘는지 떠나고 만다. 아침저녁 창틈으로 스며드는 냉기는 오래 부려먹은 손목과 무릎을 따뜻하게 하라고 경고를 보내기도 한다.

가을은 풍성함과 비움을 주는 계절이다. 황금빛으로 출렁이는 논의 벼이삭은 얼마나 마음을 풍성하고 들뜨게 하는가. 이 곡식을 거둬들이면 올가을 무슨 일을 해야 할까. 막내를 시집보내야 할까, 도시에 사는 동생을 찾아가서 고운 옷을 한 벌 사주어야 할까. 엄마의 마음은 넘치는 정과 화사한 꿈으로 활짝 나래를 편다. 가을걷이가 끝난 황량한 들판은 먼 여행길에서 돌아올 때처럼 공허한 마음이다. 매달린 홍시 하나는 까치에겐 포만이지만 할머니에게는 마지막 이별의 징표다.

코스모스 길은 영애와 함께 하늘거리는 가슴으로 바람을 가르며 걸었던 길이다. 들국화 길은 수줍은 새색시가 처음 시댁 가는 길에 지천으로 피었던 들국화 향기에 취해 주저앉아 일어날 줄 몰라 새신랑의 애를 태웠던 길이다. 떠난 자는 말이 없다. 추억은 남은 자의 아픔이다. 어느 가을날 친구와 함께 걸었던 설악산 낙엽 쌓인 산길은 우정의 깊이를 채우는 길이었다. 기린봉 낙엽 쌓인 길은 혼자 걷는 고독한 인생의 마무리 길이다.

가을 운동회는 동화의 나라다. 기마 병정놀이, 오자미 던지기, 얼굴에 분칠하며 엿 먹기, 달리기 경주에서 받은 연필 자랑하기, 청·백색 머리띠를 동여매고 응원하던 일, 이런 것들은 나도 겪었던 추억 속의 이야기다. 며칠 있으면 '더도 말고 덜도 말고 한가위만 같아라.'하는 추석명절이다. 옛날엔 얼마나 이날을 손꼽아 기다렸던가. 빨강 치마에 색동저고리를 입고 마차를 타고 외가에 가는 길은 공주님 같은 기분이었다. 외삼촌의 기타 반주에 맞춰 부르던 동요와 달님의 미소는 다 내 것인 양 마냥 즐거웠다.

창문으로 흘러드는 달빛이 떠난 이에 대한 그리움으로 강물을 만들어 배를 띄워놓고 아픔으로 돌아오지 못하게 하는 밤이다. 남은 별빛 하나가 마음을 달래주고, 귀뚜라미는 밤이 깊은 줄도 모르는 듯 청아한 목소리로 노래를 부른다. 가을이 마냥 깊어가고 있다.

(2008. 9.)

위기에 강한 여성들

예로부터 여자는 약하지만 남편을 살려내는 아내나 자식을 바르게 키우는 어머니는 강했다.

남편이나 자식이 사지死地에 가거나 몹쓸 병에 걸려 생명이 위태로울 때 그 옆을 지키는 헌신적인 아내와 어머니들이 있었다. 옛날 우리 옆집에는 주먹만 강하고 학교 공부에는 관심이 없는 불량소년이 있었다. 밤늦도록 집에 들어오지 않고 또래 불량배들과 어울려 나쁜 짓만 하고 돌아다니는 그 아들을 어머니는 밤새도록 대문 밖에서 기다리다가 아들이 오면 돌아와 주어서 고맙다고 눈물을 흘리며 데리고 들어가 맛있는 음식을 먹이고 따뜻한 잠자리에 들게 하였다. 그 어머니는 한잠도 자지 않았음에도 일을 열심히 해서 점점 부자가 되었다. 이를 본 아들은 회개하여 착한 자식이 되었고, 공부도 열심히 해서 대학을 졸업하였다. 어머니가 이루어 놓은 재산으로 사업을 해서 훌륭한 기업가가 되었고,

착하고 예쁜 여자와 결혼하여 좋은 가정을 이루었다. 그 아들이 우리 아들과 동기생이어서 나는 그 손자에게 할머니의 사랑과 정성을 생각하며 각별하게 대했었다. 이처럼 강하고 자애로운 한 사람의 어머니는 아들을 성공적으로 이끌었고 집안을 일으켜 세울 수 있었다.

이번 일본의 대재앙에서도 여성들은 강했다. 미야기현 남부 미나미산리쿠 마을의 동사무소 위기관리과 여직원 '엔도 미키'는 쓰나미가 몰려올 때 "빨리 도망치세요. 6m 높이의 파도가 오고 있습니다."라고 계속 대피 방송을 하다 결국 자기는 25세의 꽃다운 나이에 쓰나미에 휩쓸려 죽었다.

생과 사를 가르는 절박한 순간에도 끝까지 주민들을 위해 대피 방송을 하다 숨져간 그 여女직원의 공직자 정신은 슬픔을 넘어 아름답기까지 하다. 그에 비하면 우리나라의 '상하이 스캔들'을 일으킨 홍콩영사관 영사들의 이야기는 씁쓸함을 넘어 나라까지 망신시킨 부끄러운 모습이 아닐 수 없다.

후쿠시마 제1원자력 발전소 3호기에서 10여 시간의 살수작업을 벌인 도쿄 소방청 파견대 사토야스오 총대장의 부인은 작전지역으로 떠나기 전 남편에게 '일본의 구세주가 되어달라.'는 메시지를 보냈다고 한다. 다카야마 유키오 제8방면대 총괄대장 부인도 안심하고 기다려 달라는 남편의 문자메시지에 기다리겠다는 답장 메시지를 보냈다 한다. 이들이 하나같이 목숨을 걸고 작업을 했던 것은 아내들의 굳건한 믿음 때문이었다면서 눈물을 흘렸다고 한다.

예멜리안이라는 가난한 농부는 예쁜 처녀와 결혼하게 되었다.

어느 날 임금의 행차가 그곳을 지나다 예멜리안 아내의 미모에 반해 그녀를 왕비로 맞고 싶다고 했다. 그러나 예멜리안의 아내는 농부의 아내로 만족한다며 임금님의 뜻을 거절하였다. 임금은 예멜리안을 죽이려 온갖 힘겨운 일들을 시키지만 그때마다 아내의 기지奇智로 잘 처리했다. 화가 난 임금은 '어딘지 모르는 곳에 가서 무엇인지 모르는 물건을 가져오라.'는 너무도 어이없는 명령을 내렸다. 이 일을 못하면 목을 자르겠다고 했다.

예멜리안은 아내가 가라는 곳으로 가니 숲 속 작은 움막에서 임금의 군병이 된 아들의 어머니인 늙은 할머니가 베를 짜고 있었다. 할머니는 예멜리안을 보자 때가 되었다며 실 꾸러미가 굴러가는 곳으로 따라가면 필요한 물건을 발견하게 될 거라고 일러주었다. 실 꾸러미가 바닷가까지 왔을 때 북을 치는 사나이가 나타났다. 북치는 사람이 잠든 사이 북을 가지고 도망쳐 임금에게로 갔다. 예멜리안이 북을 치자 임금의 군병들은 모두 예멜리안을 따라왔다. 임금은 북을 자기에게 달라고 했으나 예멜리안이 북을 부셔서 강물에 넣어버리자 군병들은 모두 달아나 버렸다. 그러자 임금은 더 이상 예멜리안을 괴롭히지 않게 되었고, 예멜리안은 아내와 행복하게 살았다고 한다. 이는 톨스토이의 저서 『사람은 무엇으로 사는가』에 나오는 이야기다.

아내의 사랑과 지혜, 할머니의 눈물로 임금의 간악한 명령을 다 이겨내고 행복을 찾았다는 이야기 역시 여성의 힘이 위기를 극복하는 데 얼마나 강한지를 말해준 예화라고 하겠다.

이 책은 다소 황당하고 어눌한 동화 같은 이야기들이지만 나는 마음이 심란하고 쓸쓸할 때 이 책을 읽으면 가슴이 훈훈해져 위로를 받는다.

여자는 약하지만 아내나 어머니는 강하다. 위기를 당했을 땐 여성의 지혜와 용기는 남편과 자식을 강하게 만들어 성공하고 승리하게 만든다. 이러한 교훈은 옛날이나 지금이나 변하지 않는 진리인 것 같다.

이번 일본 대재앙 앞에 일본 여성들은 침착하고 지혜로우며 용감하게 행동한 것 같아 감명이 깊었다. 물론 우리나라에도 이런 여성들이 많으리라 믿지만 말이다.

(2011. 3. 30.)

무형문화재 침선장

가을의 알곡을 익히기에 충만한 햇살이 거실에 밀려든 아침이었다. 전화벨 소리가 울렸다. 전화선을 타고 "약사님, 지금 퀵서비스로 부록附錄 1부를 보내니 집에서 보시고 전시장에는 오지 마세요."라는 최 여사의 푸근하고 쾌활한 목소리가 들렸다.

우리는 30대 중반에 만났다. 함께 열정과 희망을 가지고 자식을 잘 키워보겠다는 다짐으로 밤을 새워 일했던 시절이었다. 약국 문을 열고 청소를 끝낼 즈음 부스스한 얼굴에 충혈된 눈으로 우리 약국에 들어서는 그녀는 어젯밤을 꼬박 새며 바느질을 한 폼세다. "약사님, 박카스와 피로 회복제를 주세요." 박카스 한 병을 단숨에 마신 그녀는 살겠다는 듯 어젯밤 누구 옷을 지었다며 오늘도 아무개 옷을 밤새워 지어야 할 것 같다고 했다. 약사님도 어젯밤에도 오늘밤에도 편히 잠자지 못할 것 아니냐며 그래도 우리는 아직 젊고 자식에 대한 기대와 소망이 있어서 지치지 않고 할 수 있다며 약국을 나섰다.

그때 그 시절, 이 서낭당 고갯마루에 사는 사람들은 약은 '신진약국' 한복은 '최 여사네 한복집'을 찾았다. 결혼식에 입고 갈 친정어머니 옷, 폐백 드릴 때 입을 신부 옷, 신랑 옷, 회갑 잔치에 입을 옷 등 한복을 입어야 할 일이 있으면 으레 최 여사 댁을 찾았다. 그때는 회갑이 장수축하연이 되던 시절이다.

나도 아이들 학교 행사에 참석하려고 한복이 필요할 때면 약국을 비울 수 없는 형편상 직접 그녀가 와서 내 치수를 재어갔다. 딸이 고등학교 1학년 때 학교에서 행사가 있어 딸도 한복을 입어야 했기에 나는 큰마음 먹고 남편 두루마기에서 마고자까지 한복 일체와 우리 가족 전체 한복을 다 맞추었다. 최 여사가 지어준 한복을 입고 전체 가족사진을 찍었다. 아들과 딸 오누이와, 남편과 나도 사진을 찍어 지금 우리 집 벽 여기저기에 걸어놓고 있다. 행복했던 그 시절을 회상하며 가끔 눈물도 흘리고 웃음도 짓는다.

긴 세월이 흘렀다. 아이들은 다 자라 각자 자기 갈 길을 갔고, 우리는 일상적인 일에서 놓여 지금은 하고 싶은 일을 할 수 있게 되었다. 그동안 최 여사는 몇 차례 전시회를 열었다. 이번 8월 26일부터 9월 1일까지 전북예술회관에서는 '전북 무형문화재 제22호 침선장 최온순과 그 제자들의 아름다운 전통복식전'이 열렸다. 부록을 보니 최 여사는 조선조 제21대 영조대왕의 '홍곤룡포'와 조선왕조 제26대 고종황제의 황후인 명성황후 '홍원삼'을 지어 전시했다. 영조의 홍곤룡포는 왕이 평소 직무를 보실 때 입던 옷으로 조선조 임금으로는 가장 장수長壽하고 재임기간(51년 7개월)이 가장 길었던 임금답게 그 위용을 드러내기 위해 앞뒤 양 어깨와 앞가슴 그리고 등에 금사로 오조룡(용의 발톱이 5개)을 수놓은 큰 보를 달았다.

명성황후의 '홍원삼'은 예복으로 입었던 전통 의상으로 도류불수단의 홍색 겉감과 황금색 안감을 이용 전통기법으로 제작하였다. 이는 명석하고 수완이 능란하여 시아버지인 대원군과 일본을 견제했던 왕비답게 화려하고 위엄이 보이는 옷 같았다. 특히 도류불수단에 새겨진 복숭아 무늬는 장수, 다복多福을, 석류는 다자多子를 상징하여 행복과 장수, 자손의 번성을 기원하는 길상吉相 무늬로 조선시대 궁중 옷에 많이 쓰인 도안이라 한다. 고증考證을 거쳐 재현한 우리 고유의 전통복식들이다. 얼마나 많은 노력을 하였는지 한눈에 훤히 보였다.

침선장針線匠이란 바늘에 실을 꿰어 옷을 짓는 장인匠人을 말한다. 최 여사는 원래 바느질하기를 좋아해 13세부터 자기 옷을 지어 입었다 한다. 바느질이 부업이 되어 집에서 살림을 하며 한 땀 한 땀 꿰매고 인두질을 하여 옷 한 벌을 지어 그 옷 주인에게 입혀 그 맵시를 볼 때 그 기쁨은 말로 다 표현할 수 없다고 했다. 밤을 새워 일해도 피곤한 줄 모르고 지낸 세월이 흘렀다. 자녀들은 다 훌륭히 컸으니 이제는 자기가 하고 싶은 일을 하려고 힘들어도 전문교육기관을 찾아다니며 공부하여 드디어 '무형문화재'까지 되었다. 최온순 여사는 참으로 장한 사람이다. 평범한 가정주부였고, 동네 한복집 아줌마였던 그녀가 우리 전통복식을 연구하여 재현해낸 그 솜씨와 의지는 우리 한국 여인들이 본받았으면 좋겠다.

우리는 태어나서 제일 먼저 배냇저고리를 입고 강보에 싸여 젖을 먹고 자란다. 그리고 삶을 다하고 떠날 때도 수의襚衣 한 벌을 입고 떠난다. 우리가 살아가는 동안 입는 옷은 몸을 보호하고 아름답게 꾸며주며 예의바르게 하며 그 입은 사람의 품격과 성품을 잘 나타낸다. 예부터 우리 조선의 여인들은 바느질 솜씨가 좋았다. 밤새워 바느질을 하며 시집살이 설움을 달랬고, 사립문을 열어놓고 밤늦도록 돌아오지 않은 남편과 자식을 기다렸다.

조선 순조 때 유씨부인은 남편을 여의고 쓸쓸하여 바느질에 재미를 붙이고 살다가 어느 날 자기가 쓰던 바늘이 부러지자 슬픈 마음에 바늘을 의인화擬人化하여 「조침문弔針文」이란 수필까지 썼다. 고등학교 국어 시간에 배웠던 일이다.

로마가 하루아침에 이루어지지 않았듯이 어느 분야에서 일가一家를 이루려면 긴 세월 고난과 인고의 시간을 견뎌내야 한다. 최여사 역시 무형문화재 침선장이 되기까지는 몇 번이나 '조침문'을 쓰고 싶었을까?

조선 명종~선조 때 십만양병설을 주청했던 그 유명한 성리학의 대학자 율곡 이이李珥를 낳은 신사임당은 온아한 품성으로 덕을 베풀어 가정을 잘 가꾸고 시詩와 서화書畵에도 능하여 많은 작품을 남겼으니 여성들의 본보기가 아닌가 싶다.

우리 대한의 여인들은 다 신사임당의 후예들이다. 자식을 훌륭히 교육시켜 나라를 세계12위 경제대국으로 만들고, G20정상회의 의장국으로서 회의를 개최하고 세계 3대 스포츠대회를 다 치러낸 강한 나라 대한민국을 만들었다. 무형문화재 침선장 최온순 여사 같은 어머니와 아내들이 있었기에 가능한 일이 아니었나 싶다. 앞으로 여생을 우리네 아름다운 전통복식을 더욱 연구 발전시켜 전 세계에 널리 알리고, 한국 여인들의 솜씨를 뽐내주기 바라며, 전통복식연구에 대한 최 여사의 노력과 끈기 그리고 그 의지에 큰 박수를 보낸다.

(2011. 8. 30.『대한문학』2011 겨울특집. 대한문학 작가회 게재)

잔치 열렸네 구경가세

바람이 세차게 분다. 을씨년스럽기까지 하다. 가을이 더 깊어지려나 보다.

동생과 나는 손을 꼭 잡고 바람을 맞으며 전주시 교동 향교鄕校까지 걸어갔다. 은행잎이 노랗게 물들면 사진을 찍으러 가끔 갔지만 아직 은행잎도 단풍이 들지 않았는데 이렇게 스산한 날씨에 우리 형제는 왜 향교에 갔을까? 오늘 그 향교에서 잔치가 열려 축하도 하고 구경하러 간 것이다.

외사촌 여동생 '공님'이의 큰아들 '진이'의 혼례잔치가 있어서다. 요즘 흔치 않은 전통혼례식을 올린다고 한다. 식이 오후 2시부터라니 우선 우리는 식사를 든든히 하고 향교를 한 바퀴 돌아본 뒤 전통혼례식장으로 갔다. 잘 보려고 앞쪽 둘째 줄에 앉았다. 넓은 마당엔 차일遮日이 쳐지고 동서로 자리를 깔고 남북으로 병풍을 친 다음 한가운데 교배상을 놓았다. 그 위에 한 쌍의 촛대를 놓고 송죽 화병 한 쌍과 백미 두 그릇, 닭 한 쌍을 남북으로 갈라 놓은 다음 두 개의 대야에 물을 준비한다. 대야 안의 수건 위에 물종자를 놓았으며 술잔 두 개와 표주박을 준비해 놓았다.

촛불을 켜는 '공님'이는 풍성한 몸매만큼 헤벌어진 입을 다물지 못했다. 신랑은 신부가 있는 대청마루로 갔다가 다시 내려와 마당에 섰다. 풍악이 울리고 사물놀이패의 북, 꽹과리가 신명나게 울리면서 청사초롱을 든 청바지 차림의 초등학생(3~4학년) 뒤에 교자를 타고 두 수모手母와 일가친척들과 함께 신부가 하객들 앞으로 들어왔다.

족두리 낭자를 하고 푸른빛 저고리에 붉은 치마를 입고 그 위에 활옷을 입은 신부가 교자에서 내려 서쪽에, 신랑은 사모관대 차림으로 동쪽에 섰다.

신랑이 남쪽의 대야 물에 손을 씻고 신부는 북쪽 대야 물에 손을 씻었다.

신부가 먼저 두 번 절하고 신랑은 한 번 절을 한다. 수모가 술을 따라 신랑에게 주니 신랑은 술을 마셨다. 두 번째 잔은 신부에게 읍揖만 하고 마시지 않는 것이 예법이라는데 신랑은 두 번째 잔도 다 마셔버렸다. 표주박에 술을 부어 신랑, 신부가 번갈아 마시는데 이 술도 신랑 신부는 하나도 남기지 않고 다 마셔버리며 신랑 신부 다 같이 싱글벙글 웃는다. 신랑은 술을 주는 대로 넙죽넙죽 잘도 받아 마셨다. 이런 모습과 이런 예식이 우스웠던지 신랑 신부는 계속 웃고 있었다.

집례자는 신랑이 두주불사斗酒不辭니 장모님은 호걸豪傑사위를 두어 좋겠다고 하니 하객들은 모두 크게 웃었다. 축하의 화관무 무대가 이어지고 요즘말로 축창은 춘향가 중 사랑가 한 대목이었다. 창唱을 하는 분이 주문하기를 노랫말에 '사랑'이라는 말이 나오면 신랑은 지체 없이 신부 뺨에 뽀뽀를 하라는 것이었다. 처음 몇 대목은 쑥스러운 듯 살짝 하더니 시간이 지나고 '사랑'이란 말이 연속적으로 나오니 신부는 아예 볼을 신랑에게 맡기고 방실방실 웃으며 서 있고 신랑은 벙글벙글 웃으며 계속 뽀뽀를 하다가 나중에는 아예 안아버렸다. 하객들은 손뼉을 치며 웃어댔다. 얼마나 신명나고 즐거운 잔치였는지 모른다. 모름지기 잔치란 이렇게 모든 구경꾼들이 함께 어울려 마시고 취하여 춤추고 싶은 분위기여야 하지 않을까 생각되었다.

어설픈 서양식 결혼풍습이 들어와 1960년대 우리들의 결혼식은 얼마나 딱딱하고 촌스럽고 우스꽝스러운 예식이었는지 모른다. 몇 벌의 맞춤 웨딩드레스 중에서 골라 자기 몸에 맞지 않으니 여기 넓히고 저기 꿰매어 여러 사람이 입었던 옷을 빌려 입고 평생 한 번 하는 신성한 예식을 치렀으니 참 어이없는 일이었다. 화장은 또 어떻고? 요즘은 몇십 벌의 웨딩드레스 중 자기 취향과 몸매에 맞는 것을 고르고, 화장 기술도 발전하여 선녀같이 꾸며주니 신부가 제일 아름다운 날인데도 그때의 촌스러운 화장과 남의 옷 빌려 입는 우리들의 결혼식은 어색하기 이를 데 없었다. 왜 그때 우리 전통혼례식을 생각하지 못했을까 하는 아쉬움과 그리움 속에서 '우리 것은 좋은 것이여.'라는 소리가 절로 나왔다. 잔치 한마당은 끝나고 하객들은 얼굴에 함박웃음을 지으며 흩어졌다.

세차게 불던 바람도 가라앉고 서쪽으로 지는 가을 햇살을 등에 지고 우리 자매도 웃으며 두 손을 꼭 잡고 집으로 돌아왔다.

(2009. 10. 17.)

기린봉에서

나는 날마다 아침 6시쯤이면 기린봉에 오른다. 몇 년째 계속되는 나의 일과다. 아지랑이가 피어오르는 봄날 아침의 뻐꾸기 소리, 이름 모를 꽃들의 앙증맞은 미소, 눈발이 흩날리듯 떨어지는 벚꽃들의 향연, 향수어린 찔레꽃의 은은한 향기, 푸른 숲이 우거진 산허리를 감싼 아침 안개, 아스라이 보이는 산등성이 등 이 모두가 아름다운 한 폭의 그림 같다.

눈 덮인 오르막길, 햇볕이 따사로운 겨울날의 언덕배기도 나에겐 즐거운 산책길이다. 지금은 상수리나무가 잎을 떨어뜨리는 가을이다. 다람쥐들의 달음박질 소리, 잘 여문 알밤 터지는 소리, 맑고 신선한 아침 공기, 푸른 솔잎의 향기 등 기린봉은 어느 것 하나 버릴 게 없는 전주 시민의 아늑한 공원이다.

청정한 아침 공기가 폐 속의 먼지를 모두 털어내 주는 것 같다. 땀을 흘리며 오르고 나면 금세 몸이 깃털처럼 가벼워진다. 그리고 중턱쯤에서 좋은 사람들을 만난다. 70이신 박 권사님과 유 권사님, 박 장로님……. 우리는 이렇게 넷이서 땀을 뻘뻘 흘리며 그곳에서 배드민턴을 즐기며 가끔 웃기는 소리로 엔도르핀을 만들어내기도 한다. 어제 있었던 언짢았던 일과 근심이나 걱정도 이 순간만은 다 잊어버린다. 그래서 세 분은 70이 되셨는데도 몸과 마음이 건강하시나 보다.

오늘 아침 나는 제법 큰 알밤 다섯 개를 주웠다. 어찌나 기분이 좋았는지 모른다. 우리 정환이는 어렸을 때 돌을 많이 주워 왔었다. 길가에 흔한 돌인데도 무슨 소중한 보석을 주은 듯이 그렇게 힘들여 돌을 주워 날랐다. 오늘 아침 나는 정환이같이 알밤 다섯 개를 주우니 기린봉에서 큰 보물을 구한 것처럼 느껴졌다. 누가 볼세라 소중히 집으로 가져와 먹을 생각은 하지도 못하고 보고 또 보았다.

유 권사님은 기린봉에 오면 임도 보고 뽕도 딴다고 늘 말씀하신다. 건강도 지키고 즐거운 사람들을 만나니 하시는 말씀이다. 나는 오늘 아침에 기린봉에서 얼마나 많은 혜택과 즐거움을 얻었는지 모른다. 자연은 스스로를 가꾸고 생명력을 키우면서 아무것도 베풀어주지 않는 사람들을 위하여 항상 그 자리에서 묵묵히 우리 인간들의 횡포를 견뎌내고 먹을 것과 마실 것을 주어 건강을 지켜준다. 그런데도 인간은 이런 자연에 대하여 감사하기는커녕 마구 짓밟고 함부로 대한다.

우주의 신비는 과학의 힘만으로는 풀 수 없다. 오직 신만이 안다. 인간의 오만은 끝이 없어 이 세상에서 제일 잘난 줄 안다. 무한대의 우주와 자연 앞에 너무 초라하고 왜소한 존재인데도 말이다. 고도의 과학문명으로 안 될 일이 없을 지경에 이르렀지만 자연의 섭리 앞에서는 인간은 한없이 나약한 존재라는 것을 깨달았으면 좋겠다.

가장 가까우면서도 소중한 햇볕, 공기, 물, 바람, 땅, 나무들 그리고 숲에 대하여 진정으로 감사할 줄 알아야 할 것이다. 그렇게 되는 날, 이 세상은 진정한 낙원이 될 것이다. 나는 날마다 기린봉을 찾으면서 생각도 깊어지고 철이 드는 것 같다.

우리 모두 함께하자

나는 날마다 한 번씩 탁상용 달력 그림(명화) 한 장을 들여다보며 옛 생각에 젖는다. 갈대와 숲이 우거진 고즈넉한 호수에 백조가 노닐고 작은 조각배 한 척에는 댓살쯤의 귀여운 딸이 예쁜 노란색 모자에 원피스를 입고 백조들에게 어서 오라고 손짓을 하고 있다. 또 네 살쯤의 아들은 백조에게 먹이를 주고 있다. 몸매도 얼굴도 어여쁜 젊은 엄마는 아이들을 사랑스러운 눈빛으로 바라보며 노를 힘차게 젓고 있다. 참 아름다운 가족의 모습이다.

이 그림을 그린 화가는 Frederick Morgan(1847/1856~1927)이라는 영국 화가로 어린 시절 살았던 시골의 전원 풍경과 동물, 인물, 가정의 단란한 모습을 그리는 화가다. 두 번 결혼하여 5명의 아이들을 두었단다.

내가 지금 보며 옛 생각을 하는 그림은 2월의 풍경으로 제목이 「Day on the River」로 굳이 해석한다면 강물 위에서의 하루라고 나 할까?

1월에는 첫 이齒가 난 아들을 어머니가 안고 세 딸들이 옆에 서서 신기하다는 듯 바라보며 즐거워하고 있다. 3월 그림은 어머니가 아기를 품에 안고 의자에 앉아 있는데 어린 누나와 형이 강아지를 바구니에 담아 가지고 와서 어린 동생에게 보여주며 다 같이 즐거워하고 있다. 이렇듯 1년 내내 가족의 사랑스럽고 단란한 모습만 그렸다.

가족이 한자리에 모인 모습만 보아도 왠지 마음이 포근해지고, 사랑스러운 자식들이 맛있게 먹는 모습을 보고만 있어도 우리 부모들은 그저 흐뭇하고 배가 부르다. 가족은 마음의 쉼터요 버팀목이다. 가족이란 말만 나와도 우리는 그리움과 연민으로 웃음 짓고 눈물 흘린다.

옛날에는 고향에서 낳아서 고향에서 결혼하여 살다 죽는 것이 우리네의 일반적인 삶이어서 한동네, 한집에서 부모 형제가 모두 모여 오순도순 함께 살았기에 우리나라에는 집성촌이 많다.

시대가 변하고 문명이 발달하여 각자 일터를 찾아 뿔뿔이 흩어져 살게 되면서 가족의 의미가 점차 퇴색해가는 시대가 되었다. 거기에 핵가족이라는 말이 등장하여 부부 중심으로 살아가는 세대가 되었다.

명절이나 특별한 날에도 몇달 전부터 스케줄을 맞추어 놓아야 운 좋게 자식들을 만날 수 있다. 자식들은 살길 따라 도시로 떠나고 고향에는 늙은 부모만 남아 아파도 물 한 모금 떠다줄 자식이 없다. 부모가 죽은 줄도 몰랐다는 이야기를 가끔 TV나 신문에서 본다. 남의 이야기가 아니라 나 자신도 위급한 상황이 닥치면 어떻게 대처해야 할지 걱정이다.

자녀들도 염려되어 가까이 오라고 하지만 늙은 나이에 고향을 떠나 생소한 곳에서 살 자신이 없다. 자식은 품 안의 자식이라더니 내 옆에 있을 때 자식인 것 같다. 각자 가정을 이루어 멀리 떨어져 살면 급하거나 어려운 일이 생겼을 때 가까운 이웃만 못하다.

우리 부부는 젊고 아이들이 어렸을 때, 한집에서 함께 웃고 떠들며 돌아다니던 때가 행복했었다. 남편은 가정적이어서 여가餘暇가 있을 때는 가족이 함께 다녔다. 아들은 내 손과 누나 손을 잡고 '우리 모두 함께 가자.'고 했다. 딸은 동생을 놀리려 손을 놓고 달리며 "우리 투게더(함께하다)하게 빨리 와." 하며 손짓을 하면 내 손을 이끌고 달려가서 누나의 손을 잡곤 했었다. 아들은 우리가 무슨 일을 하거나 자기가 할 일이 있으면 꼭 '우리 모두 함께 하자.'며 우리를 끌어들였다.

30여 년 전 어느 해 오월 어느 날, 덕진연못으로 우리 가족은 뱃놀이를 갔다. 그때 덕진연못에서는 오리가 놀고 있었다. 내가 지금 보고 있는 탁상용 캘린더 그림같이 딸은 노란 예쁜 모자와 원피스를 입었고 아들은 양복을 입었다. 그림 속의 모습이 그때 꼭 우리 가족 모습 같아서 나는 보고 또 보고 자꾸 본다.

든든한 남편은 노를 저었고 나는 아이들과 물장난을 치며 행복해 했었다. 그림 속 여인은 미소 뒤에 쓸쓸함이 배어 있는 듯 보인다. 남편은 출장 중인지 피곤해서 집에서 잠을 자는지 알 수 없지만 남편이 함께하지 못해서인 것 같다. 가족은 우리 아들 말처럼 모두 함께 있고 함께해야 즐겁고 행복한 것 같다.

핵가족을 선호하는 젊은 세대들도 '함께하는 가족'의 의미를 아는지 모르겠다. 치열한 경쟁 속에서 살아가는 그들에게는 늙은이의 한가한 푸념으로 들릴까?

고도로 발전된 물질은 넘쳐흐른다. 하지만 정情 붙일 곳 없는 삭막한 '풍요 속 빈곤'한 세상인 것 같다. 이런 삶이 우리에게 과연 진정한 행복을 가져다줄까? 나는 오늘도 쓸쓸한 마음으로 이 그림을 보며 깊은 생각에 잠긴다.

(2011. 2. 25.)

돌담길

고향에 처음 가던 날, 마을 아낙들은 돌담 위로 고개를 내밀며 학동댁 막내며느리 전주댁이 온다고 구경하려고 골목을 지키고 있었다. 고향에서는 돌담으로 이어져 소문이 번져 나간다. 돌담 안에서 있었던 은밀한 사건도 어느 사이 바람을 타고 나가면 동네 우물가 소식이 된다.

전날 밤 맹이댁 아줌마가 덕산댁 형님에게 내일 서울에서 공부 많이 한 계내댁 막내 동서가 온다고 기별을 했다. 덕산댁은 원산댁에게, 원산댁은 보남댁에게 이렇게 소문은 골목길 돌담을 거쳐 온 동네로 퍼져나갔다. 내가 가기 전 고향 마을 일가친척들은 나를 기다리고 있었다.

흙과 돌로 만든 담장은 무겁게 마을을 지키고 꾸밈없는 순수함으로 고향 인심을 전해준다. 마을에 힘든 일이 생겼을 때는 돌담을 넘어 힘을 합쳐 챙겨주고 도와주며, 기쁜 일이 있을 때는 함께

춤도 추어준다. 이번 큰집에 상喪을 당했을 때도 고향의 친척들이 다 모여 위로해 주고 모든 절차와 뒤치다꺼리를 알아서 다 잘 처리해 주었다.

마을 입구에는 300년 된 큰 느티나무 당산나무가 서 있다. 마을의 애경사哀慶事는 다 이곳에서 치러진다. 각자 집의 돌담길을 걸어 나오면 이곳에서 만난다. 집안의 소식들도 이곳으로 모여져 일들을 처리한다. 알리고 싶지 않은 일이라면 각자의 집 돌담 안에서 해결하면 소문도 나지 않는다. 돌담의 입은 그 짜임새만큼 단단하고 무겁기 때문에 소리 하나도 새어나가지 않는다. 복산댁 막내아들이 큰돈을 벌려고 대처로 나간다며 서울로 떠나던 날 밤도 마을 사람들은 아무도 몰랐다. 복산댁 돌담이 굳게 입을 다물고 있었기 때문이다.

10월의 마지막 날 밤, 덕수궁 돌담길에서는 10대들이 친구들과 어울려 재잘거리며 지나가는데 그들은 낭만보다 꿈이 컸다. 20대 연인들은 헤어지지 말자며 맹세를 했다. 여자친구는 덕수궁 돌담길을 걸은 연인들은 헤어진다는데 우리는 헤어지지 않고 프러포즈를 받았으면 좋겠다고 했다. 30대의 부부는 아이와 함께 찾아와서 낙엽을 흩날리며 가을의 낭만을 만끽하고 행복해했다.

40대 중년 부부는 손을 맞잡고 걸으며 살아온 세월의 회한에 젖으며 뿌듯해했다. 50대 부부는 새벽에 낙엽을 쓸어야 하는 여자 미화원인 아내의 수고를 덜어주기 위해 남편이 함께 나와 쓸어주며 아내의 거칠고 찬 손을 감싸주었다. 60대 노화가老畵家는 돌담 풍경을 그려 판다. 추억을 팔고 사며 그림을 그릴 수 있는 한 그리겠다며 자랑하고 있다.

덕수궁 돌담길에는 우리의 평범한 서민들의 인생이 조명되어 있다.

시험이 끝나는 날이면 그는 혜화동 학교 벤치에 바람에 흔들리는 나뭇잎들을 바라보며 앉아 있었다. 우리는 일상의 고단함을 내려놓고자, 타향살이의 외로움을 위로받고자 덕수궁 돌담길을 그저 묵묵히 걷고 또 걸었다. 마음속 내밀한 이야기와, 내일에 대한 꿈은 돌담에게 말하면서.

돌담은 많은 사람의 애환을 들어주고 아픈 사연을 말없이 어루만져주며 누구에게도 말하지 않고 비밀을 지켜준다. 꿈을 꾸며 행복하게도 해준다.

이런 돌담길을 나는 친구같이 좋아하고 의지한다.

세월이 흘러 고희를 넘긴 이 나이에 얼마만큼 돌담길같이 아픈 이들의 이야기를 들어주고 비밀을 지켜주었는가, 좋은 소식을 전해주며 정을 이어주었는가. 깊어가는 시월의 마지막 밤에 덕수궁 돌담길은 아직도 그때 우리들의 이야기를 간직하고 있는지 가만히 생각에 잠겨본다.

(2009. 12. 25.)

4부

눈 내리는 날

아침 햇살 가득 번지던 그곳

남편과 나, 그리고 우리 아이들이 살던 집은 특별한 곳에 있었다. 사람들이 서낭댕이[城隍堂]라고 부르는 곳 삼거리 코너에 있었다. 정남향으로 아침 일찍 햇살이 쏟아져 들어와 이 동네에서 제일 먼저 아침을 맞는 집이었다. 그 속에 사는 우리 가족도 이 동네에서 제일 먼저 일어나 각자 일을 시작했다.

남편은 한동안 서울과 전주에서 직장엘 다녔으나 군산으로 옮긴 뒤로는 마치 집이 군산에 있는 사람처럼 퇴직도 그곳에서 했다. 봄이면 벚꽃길이 좋아서라고 했다. 새벽같이 일어나 아침밥을 짓고, 도시락을 쌌다.

평생 외식外食을 싫어하고 집 밥만 고집하는 남편이었기에 정년퇴직하기 전날까지도 도시락을 쌌다. 아이들도 어찌된 일인지 중학교부터 추첨제가 되어 먼 학교에 다녔다. 그래서 우리 집은 동네 어느 집보다 일찍 일어나 아침을 준비해야 했다. 내가 운영하는 약국도 아침 5시만 되면 문을 열어달라고 사람들이 찾아왔다.

우리 가족들은 모두 먼동이 트기 전에 일어나 서둘러 각자 일을 시작했다. 아이들이 자라고 살림을 돌봐주는 할머니와 약국 일을 도와주는 아가씨까지 대가족이 살기에는 턱없이 부족한 15평짜리 집이었다. 남편과 아이들이 직장과 학교로 가기까지 우리 집은 서로 부딪치며 온갖 북새통을 이루고 북적대다 아침 8시가 지나야 겨우 편히 앉을 수 있었다.

나는 날마다 남편이 퇴근하면 집 타령을 했다. 집을 넓히자며 남편을 졸라댔다. 남편은 말이 없었다. 비가 쏟아져 곡식이 떠내려가도 책이나 보고 있을 사람으로 이 집이면 족하지 무얼 더 바라느냐 아이들 잘 커가고 똑똑하고 공부 잘하고 당신 하는 일 잘되고 아침에 제일 먼저 햇볕 드는 이 동네에서 제일 명당자리인데 더 좋은 집 자리가 어디에 있어서 불만이냐며 내 소리는 들은 척도 하지 않으려 했다. 집이 크다고 행복한 게 아니라며 자기는 이 집이 궁궐보다 더 좋다고 했다. 이 집에서 우리는 충분히 기쁨과 보람 속에서 즐겁고 행복한데 더 욕심을 부리면 행복은 뒷문으로 나가 버린다며 나의 온갖 애교와 협박에도 아랑곳하지 않고 40여 년을 버티며 살아왔다.

애초에 이 집은 도로계획에 들어 있었다. 남편 말대로 이 동네에서 제일 좋은 곳 같아 길이 날 때까지만이라도 살아 보려고 작지만 이곳에서 우리의 인생을 시작했다.

사람이 한 세상을 살아가노라면 좋은 일, 궂은일, 기쁜 일, 슬픈 일, 보람된 일, 겪어서는 안 될 시련 등 많은 일들을 만나며 살기 마련이다. 우리도 이 모든 일들을 겪고 견디면서 남편의 정년퇴직까지 생生의 전부를 이 집에서 보냈다. 서낭당 사람은 물론 전주에서 오래전부터 택시기사를 한 분들은 우리 집을 모르는 분이 없다. 서낭당 근처에 사는 분들은 택시를 타면 으레 목표지점이 우리 집이었다. 그 이름도 유명한 '신진약국', 참 오래도록 걸렸던 간판이었다. 그 간판은 서낭댕이의 브랜드처럼 우리의 모든 인생을 일궈주었다. 남편은 공무원으로서 정년퇴직을 했고, 나도 65세까지 내 일을 성실히 그리고 열심히 했다. 특별한 사고 없이 주민들의 신뢰와 사랑을 받으며 마무리하고 퇴직한 셈이다. 아이들도 별 탈 없이 자라 각자 자기 일터를 찾아 떠났으며, 가정도 잘 꾸리고 산다. 얼마나 감사하고 축복된 일인지 모른다. 남편 말대로 이 집은 좁아서 몸살을 앓으며 산 집이었지만, 우리에게 기쁨과 보람과 행복을 준 집이기에 궁궐보다 더 넓고 높은 곳이다. 요즘 몇십억 원이 간다는 강남의 어느 아파트보다 더 값진 집이다.

1969년 햇볕이 쨍쨍 내려쬐는 따가운 여름 어느 날, 황토 먼지가 펄펄 날리는 오르막길을 숨차게 올라와야 하는 서낭댕이 삼거리에 '신진약국'이란 간판을 걸고 시작했다. 서낭댕이는 이름도 옛 마을 같았고 실제로도 시골 같았다. 먼지가 펄펄 날리는 비포장도로인 데다가 전주고등학교를 지나 한참 오다 보면 헐떡 숨을 내쉬고야 올라올 수 있는 높은 언덕길이었다. 옛날 여기에는 큰 소나무 한 그루가 있었고 돌을 쌓아놓고 서낭신을 모셨던 곳이라 한다. 서낭신은 마을의 터를 지키는 조선 초기 민간신앙으로서 무병장수, 입신영달을 기원했고 먼 길 떠나는 길손의 무사를 빌었다. 전주의 성황사城隍祀는 중바위 '崇巖山' 북쪽 옛 견훤의 왕궁

터가 있던 동고산성東固山城에 있었으나 1519년 중종中宗 14년에 곤지산坤止山으로 옮겼다가 1688년 숙종肅宗 14년에 견훤왕성 안 현 위치로 이전하여 서낭댕이라는 이곳에 성황사가 세워졌고 서낭당으로서 번창한 곳이라 하여 서낭댕이라 불렀다 한다.

한 시간만 지나면 황토 먼지가 앞 진열장에 뽀얗게 앉았다. 그래도 주민들은 아랑곳하지 않고 우리 약국을 찾아주었다. 젊은 새댁은 시어머니의 시집살이 이야기로 눈물을 흘렸고, 시어머니는 며느리의 푸대접에 노여움을 삭이지 못했으며, 엄마는 아들의 공부 때문에 속상해했고, 아내는 남편의 무관심과 사랑 때문에 마음 아픈 이야기들을 쏟아내고 난 다음에야 아픈 곳을 말하며 약을 지어달라고 했다. 약국 겸 인생복덕방을 경영한 셈이다. 나는 비록 5평짜리 약국 안에 갇혀 살았지만 온갖 인생살이의 애환哀歡과 질곡桎梏을 다 보고 살아온 셈이다. 그들의 몸보다 마음의 아픔을 달래주는 것이 어쩌면 내 임무였는지도 모른다. 밤 12시까지 남편의 술주정을 피해서 약국으로 와서 앉아 있는 아내를 돌려보내야 하는 일도 내 일과 중의 하나였다. 명절이 돌아와도 나는 약국 문을 열어야 했다. 몸살난 엄마들의 약을 조제해 주어야 했고, 배탈난 아빠들의 소화제와 지사제도 팔아야 했다. 오랜만에 먹은 기름진 음식과 술 때문에 배탈이 나 설사하는 사람들이 어찌나 많았던지 문을 열지 않고는 배길 수가 없었다. 가스활명수가 10원이었던 시절, 지금의 음료수처럼 사람들은 시시때때로 그걸 사먹었다.

강산이 몇 번 바뀌어도 길은 나지 않고 언덕은 깎여지고 포장이 되어 먼지는 심하게 나지 않았다. 그런데 아파트가 여기저기

지어지자 이 동네를 떠나는 사람들이 많았고, 젊은이들은 일을 따라 떠났다. 설이나 추석에 떠났던 자식들이 찾아오면 아이들 손을 잡고 우리 약국에 찾아와 이곳이 아빠 어렸을 때 약 지어 먹은 곳이라며 약을 사러 오기도 했다. 약사님이 여기 그대로 계시니 부모님을 뵌 것같이 기쁘다는 그들의 뒷모습을 보며 세월이 강물처럼 흘렀음을 실감하기도 했다.

우리 자식들도 다 떠나보내고 온갖 세상일을 다 치르고 이순耳順의 나이가 훨씬 넘어서 길이 난다기에 2005년 2월 25일 약국을 정리하고 안집으로 들어왔다. 지금 나는 약국보다 몇 배나 큰집에서 부딪칠 사람 없이 소원대로 넓고 넓게 살고 있다. 하지만 날마다 느꼈던 그 뿌듯함과 희열, 충만함, 행복의 그림자는 찾아볼 수가 없다. 이제야 남편의 말이 얼마나 진솔한지를 느끼며 살지만 흘러간 세월을 붙잡을 수 없다. 그게 바로 세상살이가 아니던가? 그래도 아침저녁으로 옥상에 올라가 텅 빈 약국을 바라보며 40여 년 세월의 희로애락喜怒哀樂을 더듬으며 살았다. 그런데 2008년 9월 추석이 지나고 일주일 뒤 간판이 내려지고 10월 어느 날 흔적도 없이 집이 사라져버렸다. 가슴이 텅 비어 버렸다. 우리 가족의 역사도 다 묻혀버린 듯 허망했다. 역사 속으로 사라져버린 옛 고대도시의 망령들처럼 오래도록 몇 세기를 버텼던 서낭댕이라는 곳이 영원히 사라져버렸다. 한때라도 서낭댕이에 살았던 분들은 모두 아쉬워한다. "'신진약국'이 없어졌네!" 하면서…….

지역이나 사람이나 발전해야 한다. 그러나 발전은 동전의 양면과 같이 번영과 번성을 가져다 주지만 역사의 발자취를 잃어버리는 아쉬움과 아픔을 남긴다. 부디 서낭댕이에 살았던 사람들이 옛 추억을 간직하면서 기쁨 속에 평안하게 살아가길 바란다. 그리고 그 명당자리에서 자랐던 우리 아이들이, 길을 잃고 헤매는 밤배들에게 희망의 등대가 되면 좋겠다. 특히 아들 정환이는 샘물같이 깊고 맑은 머리로 바다보다 더 넓은 가슴으로 따뜻한 아침햇살이 번지던 집에서 살았던 사람으로서 많은 아픈 이들의 마음과 몸을 치유해주고 영혼과 생명을 구원해주는 의사醫師가 되어주기를 간절히 기도한다. 역사 속으로 사라져간 서낭댕이를 그리워하며 나도 이제 남편이 먼저 가서 자리를 잡은 그곳으로 떠나기 위해 저녁 기차를 타려고 준비하고 있다.

(2008. 11. 중순 『전북 펜 문학』 제10호, '고향 이야기' 특집 게재)

눈 속의 소쇄원

봄이 온다는 3월이건만 앞마당에는 눈이 소복소복 쌓이고 눈은 계속 내린다. 이런 날씨에 집을 나선다는 것은 쉽지 않았다. 구경 좋아하는 성격 탓으로 언제 어디에 가서 이런 좋은 눈 풍경을 구경할 수 있을까 하는 동심童心이 발동하였다.

오늘은 대나무가 많아 죽세공이 발달하고 기름진 들판이 넓어 부자가 많으며 그 경제력으로 학자들이 많이 배출된 곳 전라남도 담양을 찾았다. 중앙 정계로 나아가 벼슬을 하던 선비들이 고향 담양으로 돌아와 정자를 짓고 정자문화권을 형성한 남도 답사 일번지가 바로 담양이다. 면앙정, 송강정, 명옥헌, 환벽당, 식영정, 소쇄원 등 정자문화의 진수를 볼 수 있는 곳들이다. 이 중 소쇄원은 조선시대 민간 정원의 대표적인 곳으로 조선 중종 때 '양산보'가 능주로 유배되는 스승 '조광조'를 따라갔다가 고향으로 돌아와 이곳 담양군 남면 지곡리에 사적 제304호인 소쇄원瀟灑園을 짓고 처사로 지낸 곳이다. 이곳에서 송순, 임억령, 오겸, 김인후, 기대승 등 당대의 명사들과 인연을 맺고 시정詩情을 맘껏 펼쳤다.

울창한 대나무밭과 오래된 소나무, 매화나무, 복숭아나무 등이 눈 속에 묵묵히 서 있는 이곳의 정취는 옛날 선비들의 멋과 의연함을 그대로 간직하고 있는 듯 보였고 몇 폭의 수묵화로도 부족할 것 같았다. 눈 속에 핀 청아한 매화꽃을 보니 아침에 집을 나설 때의 심란한 마음은 어느덧 사라지고 행운이라는 생각이 들었다.

소쇄원 입구에 들어서니 하늘에 닿을 듯 쭉쭉 뻗은 왕대들이 넓은 대밭에 가득했다. 길 오른편 계곡에는 맑은 물이 흐르고 곳곳에 운치 있는 바위들이 널려 있다. 죽림처사竹林處士들이 놀던 곳이 여기가 아닐까? 길을 따라 한참 걸어가니 왼편에 우산을 펴서 세워 놓은 것 같은 초가지붕의 작은 정자가 눈 속에 숨어 있듯 서 있는 것이 초연하게 보였다. 제일 먼저 지었다는 '소쇄정'이다. 벽이 없고 기둥과 지붕만 있는 전형적인 정자로 여기에 올라앉으면 소쇄원의 전경이 한눈에 들어와 시정詩情이 절로 나오게 된다.

소쇄정 아래에 광풍각光風閣이 있다. 비 갠 뒤 불어오는 맑은 바람을 뜻하는데 여기에 앉아 있으면 그 바람이 가슴속까지 파고 들어와 시간 가는 줄 모르게 한단다. 주춧돌이 자리한 토방 아래로는 계곡이 있어 맑은 물이 흐르고 있었다. 선조 7년에 '고경명'이 이곳에 와서 보고 화방畵舫이라 했다 한다. 계곡에 물이 흐를 때 보는 광풍각은 마치 물 위에 떠 있는 그림배와 같아 보인다는 뜻이다.

오른편으로 긴 담을 끼고 걷다 보면 오곡문五曲門이 나온다. 문門은 안과 밖을 경계하는 곳으로 오곡문을 지나니 오암이라는 큼직한 바위가 있고 그 아래 오암정이라는 샘이 있었다. 지금은 물이 말라 밑바닥에 조금 남아 있어 아쉬웠다. 오암鰲巖이란 자라바위, 거북바위를 말하는 것으로 장수長壽를 기원하는 이름이다.

소쇄원에서 가장 햇살이 따사롭다는 애양단愛陽壇은 따뜻한 부모의 사랑을 상징하며 원림의 입구 쪽에 외나무다리를 건너면 매대梅臺라는 정원이 있다. 계단식으로 만든 담 위에 비 갠 뒤 해가 뜨며 부는 바람과도 같고, 비 갠 하늘의 상쾌한 달빛 같다는 제월당霽月當도 있다. '양산보'의 삶은 마음이 맑고 깨끗함을 의미한다. 제월당은 소쇄원의 내당으로 두 칸의 마루와 한 칸의 방으로 주인이 거처하며 독서하던 곳으로 벽에 글씨가 여러 폭 붙어 있고 천장에는 '김정호'의 대동여지도, '허련'의 난초 그림, '도연명'의 귀거래사가 씌어져 있다. 벼슬을 버리고 집으로 돌아가니 뜰 안의 세 갈래 작은 길에는 잡초만 무성하지만, 소나무와 국화는 시들지 않고 그대로 있다는 '삼경취황 송국유존三經就荒 松菊猶存'은 귀거래사에서 인용한 말로 소나무, 대나무, 국화가 심어진 세 갈래 길을 내놓고 친구만 오게 하려는 은자의 거처를 삼경이라 한다.

매화, 대, 돌 등을 갖춘 자연의 품안 산길 속에는 높은 아치형 다리가 있는데 낭만적인 한 폭의 그림이었다. 계곡물이 흐르는 양쪽 언덕에 나무를 걸쳐 놓고 그 위에 흙을 깔아서 사람들이 오고 가기에 편하게 하였고, 그 밑 중간에는 위험을 막기 위해 받침대를 설치하여 떠받치고 있어서 눈 속에서도 마음놓고 오갈 수 있었다. 눈 속에 고즈넉이 펼쳐진 소쇄원의 정경은 고매한 선비의 품격과 여유로움, 자유로움이 어우러져 이 어지러운 속세에서 더럽혀지고 성급해진 우리에게 정결함과 편안함을 즐기게 해주는 공간으로 손색이 없었다. 마음에 때가 낄 때 찾아보고 싶은 곳이었다.

봄의 길목에서 만난 아름답고 소담스런 눈 풍경 속에서 선조들의 깊고 여유로운 마음을 엿볼 수 있어 더없이 좋은 하루였다.

(2010. 3. 10.『행촌수필』2010 17호 게재)

또 한 해를 보내며

나는 방안에 누워 창밖의 찬바람이 만든 흰 구름 떠내려가는 시린 겨울 하늘을 쳐다본다. 온도를 맞춘 가마솥에 손을 넣어 덖고 꺼내어 문지르고를 몇 번 반복하여 우리 고유의 차 맛을 내는 하동의 녹차 만드는 과정을 최수종의 내레이션으로 듣고 있다.

벚꽃 피는 4월이 오면 나와 친구는 김밥과 삶은 계란을 준비하여 구례 터미널에서 버스를 타고 하동으로 간다. 차창 밖의 풍광은 우리를 낭만과 나른함의 여정으로 이끈다.

모래알 곱고 햇볕 따스히 번지는 잔잔한 섬진강의 물방울과 은빛 비늘 춤추는 은어의 퍼덕임, 눈처럼 흩날리는 벚꽃잎, 우리는 넋을 잃고 일탈에서 헤어나와 바라본다.

하동 터미널에 이르러서야 정신을 차리고 다시 차에 오른다. 오는 길 평사리에서 내려 골목길을 지나 마치 내 집인 양 최참판댁 서희 집에 당도하면 안방에 연해 있는 대청마루에 걸터앉아 한없이 넓고 파랗게 펼쳐진 논두렁을 바라보며 김밥과 삶은 달걀을 먹는다.

그리고 뒤뜰에 있는 서희 방으로 가 앉아 처절하게 슬펐고 분했던 서희의 눈물이 얼룩진 물건들과 함께 사랑과 재산에 얽힌 길고도 험난했던 인생복수復讎를 끝냈을 때의 허탈감과 인생에 대한 회환이 어땠을까를 생각해보며 방 앞 연못을 맥없이 바라보다 나온다.

오는 길목 동네 아낙들이 파는 봄나물과 녹차 과자를 사가지고 희희낙락喜喜樂樂했다.

쌍계사에서 내려 언덕길을 올라간다. 절 입구에는 고운 최치원孤雲崔致遠이 지팡이 끝으로 썼다는 전설이 있는 '쌍계와 석문石門'이라고 새겨져 있는 바위 두 개와 나무 장승 두 기가 문지기처럼 서 있다. 그쯤에 걸터앉아 숨을 돌리고 있으면 지리산의 정기가 온몸으로 배어들어 정신이 맑아진다.

내려오는 길에 만든 이의 이름과 연락처를 적어 파는 작설차 한 봉지와 도토리묵을 샀다. 해마다 4월이 오면 친구와 나는 연례 행사처럼 이렇게 봄맞이를 한다.

오늘은 동지冬至*다. 젊은 날 온 가족이 함께 살았던 때에 할머니는 큰 솥에 팥죽을 가득 끓여 먹이고 집 곳곳에 뿌려 악귀를 쫓아내고 가정의 무사안녕을 빌었다. 남은 팥죽은 장독 위에 올려놓고 꽁꽁 언 팥죽을 할머니와 나는 '한 살 더 먹으면 안 되는데.' 하면서 며칠을 먹었다.

---

* 동지 : 동지를 설날로 삼았기에 동지팥죽을 먹으면 설날처럼 한 살 더 먹는다고 생각하고 작은 설이라 하여 아세(亞歲)라고도 한다.

동지는 일 년 중 낮이 가장 짧고 밤이 가장 긴 날이다. 해가 적도 이남 23.5도의 동지선(남회귀선), 황경黃經 270도에 위치해 있을 때여서 양력으로 일정하게 12월 22일이나 23이란다.

중국 주 나라와 우리나라에서는 고려 말 충선왕 전까지 설로 삼았다 한다.

주역周易에서는 동짓달을 자월子月이라 해서 일 년의 시작으로 여겨 양陽의 기운이 꿈틀거리기 시작해 기대와 희망이 담긴 날로 생각했다.

나는 12월이 되면 남다른 감회와 회상 속에 빠져든다. 아이들을 모두 12월에 얻었기에 그때의 기쁨과 축복을 주신 하느님께 무한한 감사와 영광을 드리며 한 해를 마무리할 수 있게 해 주심에 경건해진다.

유난히도 눈이 많이 내리던 동지 전후에 아이들을 주셨기에 우리 집은 특별히 동짓날 떡과 팥죽을 넉넉히 만들고 음식을 장만하여 아이들 친구들을 대접하며 풍성한 축제 속에서 동지와 성탄절을 보냈다. 이제는 다 장성해 각자 일터에서 가정을 꾸리고 있기에 문자 보내고 작은 선물을 보내면 된다.

쓸쓸히 보내는 작은 설, 동지이지만 나는 큰 설을 기다리며 산다. 그때에는 자식들이 환한 웃음으로 모여들 테니 말이다.

그리고 큰 설이 지나 햇볕 따스한 봄날이 오면 신나는 일이 일어날 수도 있고 지금 눈에 덮여 있는 앞마당의 동백도 그 빨간 선홍색 꽃봉오리를 터트려 나를 봄으로 안내할 것이다.

(2011. 12. 22.)

우리 집 가보

—남편의 연애편지

일요일마다 KBS 1TV에서는 '진품명품'이란 프로그램이 방송된다. 나는 이 프로를 보기 위해 아침 일찍 성당 미사에 다녀온다. 집안에서 귀하게 보관해 온 옛 물건들을 눈요기라도 하고 싶어서다. 수억을 호가하는 도자기, 그림, 서책, 조상들의 초상화, 교지敎旨 등 일반 가정에서는 보기 드문 진귀하고 소중한 물건들이 나온다. 물건을 가지고 나온 사람들도 젊은이, 나이 든 이 등 각양각색이고 그 가격이 정해질 때도 가지고 나온 이들의 표정도 기뻐하는 이, 담담하게 생각하는 이, 실망하는 이 등 저마다 다르다. 왜 우리 집에는 값나가는 옛날 유물이 없을까 생각하며 부럽고 아쉬운 마음으로 이 프로그램을 본다. 그러나 나는 서운해 하지는 않고 때때로 미소를 지으며 고개를 끄덕인다. 우리 집에는 값을 따질 수 없는 귀한 무형의 보물이 있기 때문이다.

남편은 평생 한 직장에 다니다 정년퇴직을 했다. 아침에 일찍 일어나 아침식사를 준비하고 도시락을 쌌다. 그 시절에 그 자리에 있었던 공무원이 도시락을 싸가지고 다니는 사람은 없었을 것이다. 평생 집에서 지은 밥만 고집하며 도시락을 싸들고 가는 결벽증은 말릴 수 없는 그이의 단점短點이자 장점長點이었다. 관용차官用車를 사용할 수도 있었는데 그는 굳이 대중교통을 이용하여 아침 일찍 출근하였다. 남에게 폐를 끼치지 않으려는 청렴과 정직성 때문이었다. 퇴근하면 집에서 서책을 읽는 것이 취미였다. 나는 요즘 그이가 애지중지하며 읽었던 누렇게 바래고 깨알같이 작은 글씨로 된 국어 · 국사대사전, 옥편, 철학, 문학대사전 등 각종 사전과 논어, 맹자, 주역, 시경, 서경 등 온갖 지식이 망라된 중국 고서古書들을 아주 유익하고 소중하게 사용하고 있다. 인터넷보다 자세하고 정확한 지식을 얻을 수 있어 글을 쓰다 궁금한 사항이 있으면 이 책 저 책을 뒤적인다. 온갖 귀중한 학문의 세계가 펼쳐져 나를 무지에서 해방시켜 충족감으로 채워준다.

딸 결혼 때의 일이다. 철두철미하게 검증하고 체크해야 하는 그이의 성격 때문에 웃지 못할 사건도 있었다. 사위가 될 윤 서방에게 건강진단서, 최종학교 졸업증명서, 학업성적표 등을 제출하라는 것이었다. 나는 얼마나 민망했는지 모른다. 그 장인에 그 사위인지, 현재 사위가 된 윤 서방은 그렇게 하겠다며 흔쾌한 웃음과 함께 서류 심사를 거쳐 우리 집 사위가 되었다. 나도 결혼한 뒤 안 사실이지만 결혼 전 내 최종학교 학업 성적을 열람해 봤다는 남편의 실토에 나는 그만 기분이 상해서 한때 헤어질까 생각하기도 했었다.

그이가 보았던 서책의 귀중함은 말할 것도 없고 남겨준 정신적 유산은 우리 아이들에게 산교육이 되어 제 분야에서 일가를 이루고자 열심히 노력하며 삶을 꾸려나간다. 불성실이나 새치기란 생각지 않고 앞만 보며 반듯하게 걸어가고 있는 모습이 오히려 우직愚直할 정도다. 그런 모습이 든든한 버팀목이 되는 아이들에게서 남편의 옛 모습을 보며 고마운 마음이 든다. 몇 십억을 호가하는 물건보다 값으로 칠 수 없는 무형의 정신 세계를 남겨준 남편은 지금도 우리 집안의 기둥이다.

30여 년 전 만들어준 뒤부터 해가 바뀌면 제일 먼저 나에게 생명의 잉태와 경이로 가까이서 봄 마중을 하게 만들어 주는 3분盆의 군자란은 아주 소중한 나의 보물이다. 그러나 그보다도 몇십 년 전 처음 만나고 난 뒤 날마다 원고지 10장 분량의 my darling (나의 사랑)으로 시작하여 from yours(당신의 것)로 끝나는 사랑의 밀어를 보내준 남편의 편지들을 영원히 내 마음의 가보로 간직하고 싶다. 값나가는 옛 물건이 없는 우리 집에는 오로지 남편이 남겨준 우직함과 고집불통만이 유일한 유산인 걸 어쩌랴.

(2010. 5월 『대한문학』 가을호 게재)

눈 내리는 날

창밖에는 눈발이 흩날리고 있다. 밖에서는 아이들의 떠드는 소리와 산새들의 날갯짓 소리가 들린다. 복돌이는 밥그릇 물그릇을 발로 차며 온갖 장난을 하고 있다. 눈이 오면 아이들과 강아지들이 제일 즐거워한다.

아이들이 눈을 던져 창문 깨지는 소리, 아이들의 눈싸움하는 모습 등이 강아지를 부른다. 개들은 제 세상을 만난 듯 난리다.

우리 집 복돌이는 벌써 5년을 살았으니 노년인데도 밖에 나가 아이들과 함께 뛰놀지 못해 안달이다. 나는 복돌이의 마음을 잘 알지만 모른 체한다. 줄을 풀었다 다시 묶을 힘이 없기 때문이다. 하룻길을 가도 동무를 잘 만나야 즐거운 법이다. 우리 복돌이는 주인을 잘못 만나 평생 심통으로 살다 갈 팔자인 것 같다.

누구나 사람은 세월의 무게를 이기지 못한다. 나도 10대 때는 눈이 오면 동생들과 큼직한 눈사람을 만들어 놓고 꿈속에서 만나기를 바랐다. 눈싸움도 무던히 했다. 동생들은 약한 언니를 때리지 않았다. 30대 이후에는 우리 아이들과 눈사람을 만들고 무슨 예술품이나 만든 듯 신바람이 났었다. 60대까지도 눈이 내리면 괜히 밖으로 나가고 싶어 중무장을 하고 기린봉의 소나무에 얹힌 눈을 보러 가거나, 학교 운동장엘 가서 눈 위에 맨 처음 내 발자국을 찍어보기도 했다.

이제는 밖에 나갈 엄두가 나지 않는다. 미끄러질까 봐 지팡이를 짚고 겨우 성당에 다녀와서 따뜻한 매트에 누워 창밖에 내리는 눈발을 눈요기하며 복돌이의 장난질이나 구경하고 아이들 웃음소리를 옛날 동화처럼 듣고 있다.

어렸을 적 눈이 내리는 날이면 우리 형제들은 노란 고추씨가 둥둥 뜬 새콤하고 매콤하고 톡 쏘는 우리 엄마표 동치미를 한 양푼 떠다놓고 동지팥죽이나 고구마를 쪄 먹으면서 서로 콧등에 송골송골 맺힌 땀방울을 바라보면서 웃곤 했다.

이제는 헤어져 각자의 집에서 살고 있는 형제들은 지금 이 순간 무엇을 하며 무슨 생각들을 하고 있을까? 동생들이 보고 싶고 옛 생각이 나서 마당 장독에 있는 제법 맛이 든 동치미를 한 그릇 퍼 가지고 와서 팥죽과 함께 한입 먹어보았다. 그러나 옛날의 그 맛은 다 어디로 갔을까?

옛날 눈이 오면 마치 동화의 주인공이 된 것 같은 착각 속에서 행여 눈밭이 더럽혀질까 바라만 봐도 눈은 시리고 마음은 하얗게 되었다. 이제는 오스트리아와 노르웨이에 갔을 때 눈 덮인 알프스의 연봉들을 보아도 그렇게 가슴 시린 순결함을 느끼지 못하는 것은 세상의 때에 찌든 탓이리라.

눈은 세상의 더러움을 다 덮어준다. 그러나 녹으면 더 추한 모습이 보인다. 우리 인간들도 자신의 탐욕과 더러움을 감추려 애쓰지만 결국은 다 드러나기 마련이다. 평소에 조심하고 정결하게 살려고 노력하는 사람만이 그 밑바닥이 드러났을 때도 깨끗한 속내가 보이리라.

이처럼 눈이 내리는 날, 동생들과 우리 아이들과 보냈던 옛 추억과 동심의 세계를 더듬어보며 나는 얼마만큼 정결하게 살려고 애써왔는지를 되돌아보는 시간을 가져본다.

(2009. 12. 20.)

선인의 발자취를 따라서

우리는 살아가면서 주변에서나 먼 곳에서 본보기가 될 사람을 만날 때가 있다. 그 사람의 언어, 행동, 습관 등을 살펴보고 그렇게 본받으려고 노력해 보기도 한다. 또 어떤 생활양식이 마음에 든다거나 효율성이 있다면 그렇게 살고 싶어한다.

한옥에만 살았던 우리가 서양의 아파트가 들어서자 너도나도 아파트를 선호하여 아파트 값이 하늘 높은 줄 모르고 올라가 웬만한 서민은 살아볼 꿈도 꾸지 못했던 때도 있었다. 세월이 흘러 이제는 별과 이야기할 수 있고 바람 소리, 낙엽 뒹구는 소리를 들을 수 있고 땅 냄새를 맡을 수 있는 한옥을 그리워하는 사람이 더 많아진 듯하다.

현명한 사람은 남의 지혜나 식견識見을 구하기를 좋아한다. 조선조 성군인 세종대왕은 황희, 맹사성 같은 정승들의 지혜와 경륜을 얻고자 각별히 성심을 다했고, 정조대왕은 정약용의 과학 기술을 이용하여 수원 화성을 쌓았으며, 백성을 다스리는 요령과 도리도 중히 여겼다.

옛 사람의 발자취는 지금 우리에게도 무한한 감동과 애착으로 다가온다. 그래서 요즘 문화답사동호회도 많아진 것 같다.

9월의 답사지는 충북 괴산군 일대였다. 그 중 특히 청천면 화양리에 있는 화양계곡은 맑은 물이 굽이굽이 흐르다 잔잔한 호수같이 보이는 곳도 있고, 넓은 바위가 펼쳐진 곳에서는 편히 누워 구름이 흘러가는 것을 보고 싶고 물장구를 치고도 싶었다. 울창한 숲은 아무 곳에나 앉아서 바람이 지나가는 소리를 들으며 땀을 식힐 수 있었다. 구곡이 있어 곳곳에서 쉬며 그 풍광을 만끽할 수도 있었다. 경천벽, 운영담, 읍궁암, 금사담, 첨성대, 능운대, 와룡암, 학소대 파천이 잘 보존돼 있었다. 곳곳마다의 특징이 있었다. 화양 계곡은 조선 선조 때 태어나 효종, 현종, 숙종 4대에 걸쳐 활동한 주자학朱子學의 대학자 우암尤庵 송시열이 벼슬에서 물러난 뒤 은거하던 곳이다. 제3곡인 읍궁암은 송시열이 효종의 죽음을 슬퍼하여 새벽마다 이 바위에서 통곡을 했다고 한다. 제4곡 금사담은 맑고 깨끗한 물과 금싸라기 같은 모래가 넓게 펼쳐진 곳으로 물가 큰 반석 가에 있는 암서재岩棲齋에서 송시열이 은거하였다고 한다. 이 화양 계곡에는 화양서원이 있다. 송시열을 모시던 서원으로 당시 서원 중 가장 유력했었단다. 숙종 22년 9월에 사액賜額*을 받았고 불가침의 특권이 주어졌으나 유생들의 행패와 폐해가 심해 백성들의 원성이 높아지자 고종 때 대원군이 철폐하였다.

* 사액 : 임금이 서원에 이름을 지어줌.

금사담의 넓은 바닥과 모래가 너무 좋아 바위에 앉아 바지를 걷어올리고, 어렸을 때 우리 동네 갈댓잎 흐르던 냇가에서 물장구 치던 시절로 돌아가, 하염없이 앉아 있는데 60대쯤 되어 보이는 남자가 사진을 찍어주겠다고 다가왔다. 카메라를 건네주었더니 셔터를 누르며 탤런트도 왔다가 빽맞고 가겠다며 몇 컷을 찍어 주었다. 민박집 주인의 얄팍한 속셈의 빈말일지라도 착각은 자유인지라 혼자 미소를 지어보았다.

살아 숨쉬는 자연을 찾아가는 일은 옛 선인들의 지혜와 마음의 깊이를 담아보는 여행이다. 내려오는 길에 임진왜란 때 승군僧軍의 지휘자였던 서산대사의 시詩 한 구절을 생각해보았다.

> 눈길을 걸어갈 때 발을 함부로 내딛지 마라.
> 오늘 내가 밟은 발자국이 뒷사람의 길이 되느니라.
> 언젠가 후일 우리들의 후손이 우리의 발자취를 따를 수도 있으니.

흐트러진 발자국을 남기면 안 되리라는 상념에 잠겨 떨어진 낙엽을 밟으며 숲길을 내려왔다.

(2009. 9. 20. 『대한문학』 2009, 작가회 연간선집 게재)

양 통장님

통장이나 이장이라고 하면 산골마을에서 확성기로 동네 소식을 알려주고 집집마다 애경사를 챙겨주는 분으로 생각된다. 도시인 우리 동네에도 양 통장이란 분이 계신다. 그야말로 통장답게 집집마다의 어려운 사정을 다 해결해주는 분이다. 가령 수도꼭지가 고장났다든가, 변기에 물이 잘 안 내려간다든가, 하수구가 막힌다든가, 비가 오면 지붕에서 물이 새어 방안에 떨어진다든가 가정의 다양한 사건사고를 다 해결해 주시는 분이다.

양 통장님이 우리 동네 통장을 맡았을 때는 50대였던 것 같다. 우리 동네는 오래된 주택가여서 가정마다 고장난 곳이 많은 동네였다. 주민세 고지서나 적십자회비 고지서를 돌릴 때는 어디 고칠 데는 없는지 확인해서 솜씨도 좋게 잘 수리해 주었다. 우리 집도 자주 고쳐주었는데, 전체를 뜯어 수리해서 몇 년간 마음놓고 살았다.

가을부터는 얼굴에 항상 시커먼 연탄가루를 묻히고 다닌다. 그 시절 가정에서는 연탄이 겨울 난방의 필수품이었다. 늦은 가을부터는 각 가정의 창고에 연탄을 채워주어야 하기에 하루도 얼굴에 연탄가루가 묻지 않는 날이 없었다. 그래도 양 통장님은 항상 즐겁고 바쁘다. 남원 산골에서 논밭 다 팔아 자식들 공부시키려고 전주로 온 분이다. 아이들이 착하고 머리가 좋아 공부도 잘했다. 아들들은 한의사, 공무원이 되었고 딸은 사대를 졸업했다. 다들 좋은 직장에서 근무 잘하고 있지만 양 통장님은 여전히 연탄배달부에 온갖 궂은일을 마다하지 않는다. 통장 일도 열심히 하고 동네 집집마다의 가정사도 잘 보살펴준다.

우리 집 온갖 폐기물도 다 치워준다. 가을에 연탄을 한 차 가득 우리 창고에 채워주고 정환이 아빠한테 연탄 값을 받으러 온다. 그러면 정환이 아빠는 연탄 값을 주고는 꼭 영수증을 받는다. 그러면 예의 그 투박한 소리로,

"세상에 연탄 값 주고 영수증 받는 사람은 처음 봤어. 그래 나랏일을 맡겨도 안심이여." (정환이 아빠는 공무원이었음)
하면서 내가 '박카스'라도 한 병 드리면 어깨 아픈 데 좀 낫겠지 하며 그 검은 얼굴에 웃음을 머금으며 맛있게 마셨다.

양 통장님이 막내아들 장가 보내던 날, 우리 동네 아줌마들은 대거 축하해주려고 결혼식장엘 갔다. 깜짝 놀라며 어쩔 줄 모르고 기뻐했다. 알리지도 않았는데 어떻게 알고들 왔느냐며 그날만은 얼굴에 연탄가루도 묻히지 않고 말쑥한 신사복차림이어서 양 통장님 같지 않았다. 우리 동네에 드디어 도로가 나게되어 뿔뿔이 헤어지게 됐다. 서로 경황 중에 이사를 하게 되어 전화번호도 모른 채 살면서 가끔 양 통장님 생각을 하였다.

그러던 어느 날, 길거리에서 우연히 양 통장님을 만났다. 어찌나 반가웠던지 칠십이 넘은 나이에도 옛날 연탄배달하던 때 옷을 입고 여전히 자전거를 타고 바삐 가고 계셨다. 어디 가시느냐고 하니 아파트 경비로 일한다고 했다. 하루도 쉬지 않고 궂은일을 마다하지 않고 자식들에게 폐 끼치지 않으며 평생을 정직하고 성실하게 사시는 양 통장님을 존경한다. 요새 대학 졸업이 우리나라 평균 학력이 되고 있는데, 낮은 곳에서 묵묵히 어렵고 힘든 일을 하는 이들은 대학 졸업장이 없는 사람이 대부분이다.

이런 분들 때문에 우리 대한민국이 인정이 넘치고 집안과 거리가 깨끗해지고 있다. 오늘도 양 통장님은 아파트 주민들의 어려운 사건들을 해결해 주고 주위를 깨끗이 치워주실 것이다. 오늘 아침 일찍 인터폰 소리가 났다. 나가 보니 양 통장님께서 폐기물을 걷으러 왔다고 하셨다. 고마운 분이다. 달 밝은 밤, 양 통장님의 소원을 이루어 주시라고 빌어 드리고 싶다. 소원이라야 소박할 것이기에 꼭 이루어지리라 믿으면서 말이다.

우리 주변에 이렇게 없어서는 안 될 소중한 양 통장님께 국가에서 훈장이라도 하나 주었으면 좋겠다.

(2007. 8. 10. 『전주중앙안과』 통권 80호 게재)

예쁜 그림 한 장

우리는 매달 29일에 만난다. 여고女高 29회 동창이기 때문이다. 30여 년이 넘었다. 삼사십 대 때는 각자 생활과 자식들에게 매달려 자주 만나지 못했다. 지천명知天命을 넘어서야 어려웠던 고난苦難의 시대를 거쳐 살아온 우리 스스로가 대견하고 일들을 끝낸 성취감으로 친구 간의 우애를 다지며 느긋함과 즐거움으로 29일이 오기를 기다린다. 웃음꽃을 피우며 온갖 수다를 떨며 하루를 즐긴다. 사오십 대 때는 주로 자식 자랑, 남편 흉보기가 주제였다. 사실 남편 흉보기는 사랑 확인 작업이었는지도 모른다. 육십 대 때부터 화제는 손자 자랑이었다. 처음 가져본 손녀 손자 사랑은 할머니들의 짝사랑이지만 어쩔 수 없는 생태적인 본능을 어쩌랴. 오죽하면 돈 내놓고 손자 자랑하기 룰(Rule)까지 만들었을까. 자랑해놓고는 멋쩍게 웃고 민망해했지만 다음 달이면 어김없이 또 손자자랑들을 한다. 그 밖에 잡다한 가족 이야기며 세상사 이야기, 때로는 여고 시절의 기질氣質을 살려 정치, 경제 이야기를 가끔 심각하게 할 때도 있다. 그러나 어디까지나 살아온 인생과 세상사 이야기는 추억으로 묻어두고 '지금부터 우리는 즐겁고 신나게 살자.'가 모토(motto)다. 그래서 그달의 좋은 영화도 단체로 관람한다.

올 8월의 모임에서는 각자 자식들과 보낸 휴가 이야기가 주제였다. 한 친구의 '예쁜 그림 한 장' 이야기가 단연 으뜸이었다. 이 친구의 둘째 아들은 미국 일리노이주 시카고에 산다. 미국에서 대학을 마치고 좋은 직장(은행)에 다니며 단란한 가정을 꾸리고, 그 엄마의 소망인 아메리칸 드림을 이루어 잘 살고 있다. 휴가 때면 고국故國과 부모와 형제가 그리워 전주에 온다. 올해에도 어김없이 전주에 와서 부모들과 즐기다 서울 큰아들 집으로 간 모양이다. 그곳에서 예쁜 그림 한 장이 그려졌다는 것이다. 어느 날 아침 미국에서 온 네 살배기 손자가 중학교 2학년인 사촌 누나 방으로 들어가더란다. 친구는 무엇 하러 아침 일찍 사촌 누나 방엘 갈까 궁금해 가만히 뒤따라갔더니 그 손자는 사촌 누나 침대 옆에 서서 "누나, 해님이 떴어요. 달님은 갔어요. 시계 좀 봐요. 8시잖아요? 빨리 일어나요."라고 노래를 부르더란다. 친구는 그 모습이 어찌나 예쁘고 감동스러운지 한참을 지켜보았다고 했다. 듣고 있으려니 정말 예쁜 그림 한 장이 그려지는 것 같았다. 보통 어린이들이라면 흔들며 "이 늦잠꾸러기야 빨리 일어나."라고 소리를 질렀을 것이다. 어린아이가 어떻게 그런 동시童詩 같은 말로 누나를 깨웠을까. 예쁘고 귀여운 장면이 눈에 선했다. 친구 말이 손자가 다니는 유치원에는 이스라엘의 유대인 여선생님 두 분과 일본, 인도인 선생이 있는데 며느리는 특히 이스라엘 선생님의 유대인 식 교육이 마음에 든다고 했다. 세계는 다 안다. 유명한 탈무드에 의한 유대인의 훌륭한 교육으로 5천 년 역사를 온갖 박해와 나라 없는 설움 속에서 지내면서도 자신들의 역사와 문화를 보존하고 어느 곳에서나 두각頭角을 나타내어 세계적인 석학碩學들을 배출하고 경제를 이끌고 있지 않은가.

유대인 유명한 랍비 중 한 사람인 '요하난 벤 자카이'는 AD 70년 예루살렘 성안에 갇혀 있을 때 속임수를 써 탈출하여 로마 사령관을 만나 열 명 정도의 랍비가 들어갈 수 있는 조그만 집 같은 학교를 하나 만들어 그것만큼은 파괴하지 말아달라고 간청하고 죽임을 당했다. 예루살렘이 로마에 의해 점령되었을 때 사령관은 황제가 되어 '작은 학교 하나만은 남겨두라.'고 로마 병사들에게 명령했다 한다. 그때 그 작은 학교에 남았던 학자들이 유대의 지식과 유대의 전통을 지켰다 한다. 탈무드에서는 아이들을 가르친다는 것은 백지에 글씨를 쓰는 것과 같다고 했다. 그들은 아름다운 말과 평화로운 정경으로 자유로운 창의력 교육을 시키는 것 같다.

1700년대 프랑스 사상가이자, 작가인 J.J루소는 「에밀(Emile)」이라는 교육론教育論에서 외적 환경인 사회나 가족, 습관 편견의 나쁜 영향에서 어린이를 수호해서 자연自然의 싹을 될 수 있는 대로 자유롭고 크게 뻗어나가게 하자고 말하고 있다. 주입식注入式, 형식적 교육에서 벗어나 순수하고 자연성을 가진 어린이에게 자연과 자유를 주어 인간적인 전인교육全人教育을 주장했던 것이다. 일류, 일등만을 위해 전력으로 질주하는 우리나라의 교육은 각박하고 메마르다. 중학교 때부터 특목고特目高 입시를 위해 밤낮으로 학원을 들락거려야 한다. 나도 이번 생일상을 서울에서 차리겠다고 해서 서울로 갔다. 밤 10시가 넘어서야 학원에서 돌아오는 중학교 2학년인 외손녀 희지 때문에 밤 10시가 넘어서야 축하 케이크에 촛불을 켰다. 지쳐 돌아온 외손녀가 어찌나 안쓰러웠는지 그래도 밝은 표정으로 할머니 생신을 축하드린다며 예쁘게 손수 그린 카드를 건네주는 것이 귀엽고 고마웠다. 언제쯤이면 우리 손자들이 입시지옥에서 벗어나 순수하고 해맑은 모습으로 자연의 품속에서 자유롭게 성장하고 전인적인 교육을 받을 수 있을지 안타까운 심정이었다. 해 질 녘 집으로 돌아오는 길, 어디선가 불어오는 서늘한 바람 한 점이 길가의 코스모스를 흔들고 지나간다. 아, 가을이 오려나 보다.

(2009. 8. 29.『대한문학』작가회 연간선집 게재)

山은

무엇에 홀린 듯 등산복을 챙겨 입고 배낭을 메고 모자를 쓰고 마스크까지 했다. 이 햇빛 좋은 날 산에 안 가고 언제 갈 것인가 생각하며 집을 나섰다. 몇 분 전만 해도 머리는 지끈지끈 아프고 허리는 시큰시큰하며 어깨는 무거웠다. 성한 곳이 없어 병원에 가서 주사도 맞고 물리치료를 받아야겠다고 생각했다.

거의 10여 년 동안 아침에 눈을 뜨면 기린봉으로 달려갔다. 차츰 나이가 들어가면서 체력저하와 시간이 없다는 핑계로 산을 멀리하게 되었다. 10여 년 동안 산에서 받은 정기正氣가 다 소모되었는지 2~3년 전부터는 전신이 아프지 않은 곳이 없다.

인간이란 일신이 편안해지면 옛날 은혜를 받았던 일은 다 잊어버린다. 그동안 산에서 생명력을 얻었던 것을 까마득히 잊고 멀리한 대가로 몸이 다시 옛날 상태로 돌아가려니 정신이 든 듯하다.

나는 원래 산을 좋아한다. 산 마니아다. 작은 체구에 체력도

약하지만 산에만 가면 힘이 나고 생기가 돋는다. 10여 년 전 내가 기린봉에 가기 시작했을 때 몸도 마음도 많이 아팠다. 고통스럽고 외로웠다. 그때 기린봉에 가서 맑은 공기와 좋은 사람들을 만나 위로를 받고 건강을 찾기 시작했다. 봄이면 아스라이 펼쳐지는 아지랑이 속에서 작은 들꽃들이 반겨주었고, 찔레꽃 향기가 먼 옛날을 이야기해 주었다. 여름에는 시원한 바람과 녹음이 땀을 닦아주었고, 가을에는 툭툭 떨어지는 알밤이 호주머니를 채워주었다. 겨울엔 길가의 이름 모를 무덤에 쌓인 눈[雪]이 인생의 허무함을 알려주었다.

세상에서 시기와 질투의 말에 정나미가 떨어지고 싫증이 나며 아플 때 산을 찾으면 말없이 아픔을 달래준다. 희망을 잃었을 때 산에 가면 꿈을 말해준다.

바람 불고 추운 언덕에 서 있을지라도 조금만 지나면 바람은 잦아들고 따뜻한 햇볕이 새싹들을 돋아나게 해 준다고 말해주고 있다. 산은 생명과 꿈이 있는 곳이다. 몽블랑*에 갔을 때의 풍경을 잊을 수가 없다.

산 아래 낮은 곳에서는 에델바이스가 바람에 흔들리고 있었다. 그 조금 위 언덕에는 작은 통나무집이 예쁘게 지어져 있었고 알름할아버지 같은 노인이 장작을 도끼로 찍어 차곡차곡 쌓고 있고 그 옆 양지바른 곳에서는 늙은 개 한 마리가 졸음에 겨워 누워 있었다. 얼마나 평화롭고 편안하고 행복하게 생명들이 살아가고

---

* 몽블랑 : 알프스 산맥의 최고봉 4,807m. '흰 산'이라는 뜻.
정주취락(定住聚落)지는 이탈리아 쪽 1,306m 앙트레브. 등산지는 프랑스 쪽 샤모니.

있는 광경이었는지 모른다.

그 옆으로는 몽블랑에서 내려오는 빙하수가 흐르고 있었다. 반대편 햇볕 따뜻한 산기슭에는 빨간 점퍼에 청바지 차림의 6세쯤 되어 보이는 예쁜 공주 같은 소녀가 엄마아빠 손을 잡고 하이킹하는 모습이 꼭 알프스 소녀 '하이디'를 만난 것 같았다. 10여 년 전 일이지만 지금도 생생히 떠오르는 장면이다.

그때 나는 기차를 타고 몽블랑으로 올라가는 중이었지만 평생을 잊지 못할 자연과 생명이 주는 감격과 꿈속에서나 볼 수 있는 동화 같은 풍경을 알프스에서 보았다.

이번에 여성산악인 '오은선' 산악대장이 히말라야 안나푸르나를 오르는 모습을 다큐멘터리로 보았다. 산과 사투死鬪를 벌이며 오르다가 빙하물이 흐르고 꽃이 피어 있는 곳이 나오니 오 대장은 "잠깐만!" 하며 카메라를 꺼내 사진을 찍었다. 한 치 앞을 알 수 없는 삶과 죽음이 등을 맞대고 있는 상황에서도 생명이 있는 것은 다 아름답고 사랑스러운 모습이었을 것이다.

높은 산을 오르는 것은 신神의 허락을 받아야만 해낼 수 있다고 한다. 자연 앞에 겸허히 자신을 드러내놓고 정직하고 성실해야만 산은 인간을 받아준다. 자신과의 싸움에서 이겨야만 오를 수 있다. 세상살이가 다 인내忍耐해야만 성취할 수 있듯이 자연과의 싸움에서도 자신이 무너지면 정복할 수 없다.

백두산*에 올랐을 때 2,000m 고지쯤에 오를 때 바람은 광풍(狂

* 백두산 : 우리나라 함경남북도와 중국의 동북지방의 국경에 있음. 백색의 부석(浮石)으로 정상은 병사봉(兵使峯)이라 하며 2,744m. 백두산 부근 토질은 비옥하여 낙엽송, 전나무, 가문비나무 등 침엽수가 밀림을 이루고 2,000m 부근에

風)같이 몰아쳤다. 그 길에 작고 가녀린 야생화들이 그 거친 바람을 견디며 예쁘게 피어 있었다. 바람이 부는 쪽으로 휩쓸리며 생명을 부지하고 있었다. 그때 나는 알았다. 순리順理를 따를 때 살아남을 수 있음을……. 아무리 눈비가 오고 바람이 세차게 불어도 신神이 이끄는 대로 몸을 맡기며 사는 것이 생명을 유지하고 사는 법이란 것을…….

눈이 쌓일 때도 나는 기린봉 약수터까지 갔다. 나뭇가지를 붙잡고 응달진 곳에 쌓인 눈을 밟으며 내려온 뒤 미끄러지거나 다치지 않고 다녀온 것을 감사하며 자신감과 활력이 넘쳤다. 그 힘으로 이제까지 버티며 살아왔는데 산을 멀리한 탓에 몸과 마음은 많이 피폐해졌다.

요즘 가끔이라도 올라가면 기린봉은 예전이나 다름없이 나무 한 그루 풀 한 포기 이사하지 않고 그 자리에서 반갑게 맞이해준다. 내 발자취를 다 기억하고 있다는 듯 인사를 건넨다. 자주 와서 상처를 치료받고 아픔을 위로받고 가라고 당부한다. 위대한 자연 앞에 우리 인간은 한없이 초라하고 오만한 존재지만 탓하지 않는다. 자연을 만들어준 신께 감사드리며 겸허한 마음으로 시간 나는 대로 산에 오르리라 다짐하며 겨울이 오고 있음을 알려주는 짧은 햇살과 함께 기린봉에서 내려왔다.

(2009. 11. 21.)

키가 낮은 관목, 석남, 뱀무속 식물 등이 있다. 야생화로는 백두산 떡쑥, 백두산 바위취, 백두산 실골풀 등이 있다.

그리움이 쌓인 우리 집

우리 집에 오려면 언덕배기를 올라와 긴 골목길을 지나야 한다. 비 오는 여름날이나 눈 내리는 겨울날이면 애들은 내가 나다니다가 행여 넘어질까 봐 걱정이 태산이다. 특히 교통사고로 몸이 불편해진 탓으로 요즈음엔 더더욱 염려를 한다.

병원에 있을 동안 아들은 편리한 아파트로 옮기면 어떻겠느냐고 물었다. 나도 앞으로 살 일에 자신이 없어져서 일단 긍정적으로 생각해 보기로 했다.

대문을 열고 들어서는 순간, 내 마음은 편안해지고 눈물이 나왔다. 키 큰 동백나무는 싱싱한 푸른 잎으로 눈인사를 하고, 복돌이는 한 자나 뛰어오르며 반가워 어쩔 줄을 모른다. 아들이 초등학교 때 구슬치기를 해 따온 영롱한 색깔의 유리구슬들을 한 통 가득히 담아놓은 구슬통도 어머니 오셨느냐며 현관 옆에서 빛을 발하며 반겨 주었다. 거실에 들어서니 30년이 훨씬 넘도록 그 자리를 지키며 다소곳이 주인이 언제라도 와서 쳐 주기를 기다리는 딸의 피아노도 인사를 한다. 아들이 앉았던 의자와 책들도 기뻐한다. 남편이 보던 책들도 살아와줘서 고맙다고 한다. 내가 글을 쓰다가 두고 간 공책과 볼펜, 사전들도 여기저기 어지럽혀져 있지만 주인을 기다리고 있다.

여행길에서 모아두었던 장식장의 소품들도 먼 이국異國땅에서 데려와 우리를 잊지 않고 기억해 주었던 주인님이 안 계셔서 외로웠다며 풀이 죽어 있다가 생기를 찾은 듯 제 모습을 보여준다. 나는 눈을 감고도 이런 물건들을 다 찾을 수 있다.

어린 시절 아이들의 모습을 기억하듯 이런 물건들을 볼 때면 그 시절의 추억들이 주마등走馬燈처럼 스쳐 지나간다.

아들은 초등학교 때 종이를 단단히 접어서 만든 패치기, 구슬치기, 땅뺏기 놀이를 잘했다. 구슬을 많이 딴 날은 호주머니가 미어져나올 때까지 구슬을 담고, 흙이 묻어 새까맣게 된 손으로 이마의 땀을 닦으며 얼굴 가득 희색喜色을 띠며 들어섰다. 그리고 구슬을 꺼내놓으면 나는 아들의 인생이 이 영롱한 구슬처럼 빛을 발하며 살기를 바라는 마음으로 깡통에 주워담았다.

어느 날 초등학교 때 담임선생님이 퇴근길에 우리 약국에 들러 정환이 어머니는 평생 정환이 걱정은 하지 않아도 될 거라며 하다못해 구슬치기, 패치기 대장이라도 될 거라고 농담을 하던 일이 엊그제 같다.

딸은 밤늦도록 공부하다 옥상에 올라가 약국에 불이 켜져 있는 걸 보고 어머니도 지금까지 약국 문을 닫지 않고 일하고 계시니 나도 내려가 더 공부해서 이번 시험에도 1등을 하여 어머니를 기뻐게 해드려야지 하며 공부를 했다고 한다.

남편은 퇴근하면 영어, 독어, 한문, 철학책 등 온갖 책에 파묻혀 살았다. 남편과 아이들의 손때가 묻은 책과 물건들이 가득 쌓여 있는 집이다. 이 집은 그렇게 그리움이 쌓인 집이다.

몇 년 전 리모델링할 때 아들의 장난감 조립식 로보트, 공룡, 자동차들을 내가 약국에 있는 동안 집을 지은 분이 다 버려서 못내 아쉽다. 아들은 특히 자동차 장난감을 좋아했다. 크리스마스 전날 밤, 그해 새로 나온 자동차를 머리맡에 놓아주고 어젯밤에 산타할아버지가 오셔서 내년에도 어머니 말씀 잘 듣고 누나 안 놀려대면 또 자동차를 선물로 주겠다고 하셨다며 딸과 짜고 아들의 짓궂은 장난에서 벗어나 무사히 한 해를 보냈다.

내가 다른 곳으로 집을 옮기면 아이들이 쓰던 물건들을 또 버릴 것이다. 집 투기, 땅 투기를 해 부자가 되고 싶다고 투정하는 나에게 남편은 처음 장만해 아이들이 뛰놀고 공부하던 곳을 투기 목적으로 삼고 싶으냐고 나무랐다. 이제야 철이 드는지 요즘 생각하면 부끄러운 마음이 든다.

내가 조금 불편하고 힘들다고 살던 집을 버리고 다른 집으로 옮겨갈 일이 아니다. 잠시라도 다른 곳으로 옮겨 볼까 생각했던 내 마음이 죄스럽다. 딸이 어린 손으로 「소녀의 기도」를 치던 피아노와 아들이 흙 묻은 손으로 따 온 빛이 고운 유리구슬들을 안고 그들의 인생이 잔잔한 선율의 「소녀의 기도」처럼 울려 퍼지며 영롱한 빛을 발할 때까지 나는 그리움을 안고 여기서 살아갈 것이다.

(2011. 2. 12. 『전북펜저널』 가을호 게재)

살아 있음에

이게 웬일인가? 어제 오후까지만 해도 멀쩡했던 내가 주사 바늘을 여기저기 꽂고 입원실도 아닌 밀폐된 낯선 공간에 누워 있다니, 어찌된 일인가? 우리는 자기 앞에 닥칠 한 치 앞도 모르면서 세상일을 다 아는 것처럼 살아간다. 세상사는 순간에 결정된다더니 내가 이 꼴이 될 줄 어떻게 알았겠는가!

어젯밤 119차에 실려와 아들이,

"어머니, 정환이에요!"

하는 말만 기억될 뿐 그 뒷일은 아무것도 생각나지 않는다. 온몸에는 깁스(Gips)와 붕대로 동여매 있었다. 내 옆에는 아들도 딸도 보이지 않고 낯선 사람들이 나를 감시하고 있었다. 나는 왜 여기에 이렇게 누워 있을까, 아이들은 다 어디로 갔을까, 두렵고 무서운 생각이 들어 소리를 지르기 시작했다. 나를 우리 아이들 곁으로 보내달라고.

나중에 안 사실이지만 나는 중환자실에 있었다. 그리고 아들은 내가 볼 수 없는 이곳 어디에서 눈물을 흘리며 나를 지켜보고 있었고, 딸은 밖에서 엉엉 울고 있었다고 했다. 상처투성이의 몸과 정신까지 잃어버린 내가 죽든지 아니면 불구자가 될 것 같은 두려움으로 아이들은 울고 또 울었다고 한다.

며칠을 꿈인지 생시인지 알지 못하는 세상을 지내고 나서 좋은 입원실로 옮겨졌고 아이들이 옆에 있었다. 아들은 안도의 숨을 쉬었고, 딸은 여전히 눈물을 쏟고 있었다.

세상사가 순간이라지만 어떻게 나에게 이런 일이 일어났는지 믿어지지가 않았다. 좌절과 분노와 아픔으로 신음하며 모든 일상사를 간병인에게 의지해야만 했다. 식사에서부터 화장실에 가는 일까지 남에게 의지해 살아가야 하는 세상살이는 숨을 쉬어도 살아 있는 것이 아니라 죽음보다 더한 고통이었다. 온갖 불만이 튀어나왔다. 왜 나를 살렸느냐, 차라리 죽었더라면 이런 추한 몰골의 식물인간 같은 꼴은 보이지 않았을 텐데 하며 아들을 원망했다. 딸은 날마다 끊임없이 몸에 좋다는 보양식, 과일 등을 날랐고 한의대 교수에게 내 증상과 성격을 자세히 말하고 처방을 받아 만든 값비싼 약을 주치의主治醫의 눈치를 보며 가져왔다. 약을 먹으니 하루가 다르게 힘이 나고 몸의 증상도 날로 좋아졌다.

주치의는 날마다 들러 잘 나을 수 있다는 자신감을 주려고 주의사항을 곁들인 우스갯소리와 격려로 나를 웃기고 안정을 찾게 해 주었다. 내 간병인은 군산에서도 살았다 한다. 토요일 외출일에는 자기 집에 가서 내 입맛에 맞는 음식을 만들어다 먹여주었다. 싹싹하고 영리한 간병인은 음식솜씨도 좋고 교통사고 환자만

5년간 간병을 해서 어떻게 하면 조금이라도 아프지 않고 빨리 나을 수 있는지 잘 알아서 나를 늘 편안하게 곁에서 손발 노릇을 해 주었다. 주週마다 사진을 찍어 확인하던 주치의는 6주가 되었을 때 환한 얼굴로 재수술을 하지 않아도 되겠다며 기뻐했다. 그리고 자기가 병이 나서 일주일간이나 병원에 나오지 못했다. 그동안 재수술을 하게 될까 봐 얼마나 노심초사勞心焦思했던지 마음을 놓으니 힘이 다 빠진 모양이었다.

주치의는 내가 병원에 도착했을 때 8시간 이상 땀을 뻘뻘 흘리며 나를 뉘어놓고 칼을 대지 않은 채 뼈를 맞추었다고 한다. 그때 주치의인 동생의 효심孝心이 감탄스러워 딸은 많이 울었다며 또 눈물을 흘렸다. 어머니는 복福받으신 분이라 꼭 정상인이 될 거라며 나를 안심시켰다. 나는 날마다 병실 문을 바라보며 하루빨리 회복되기만을 기다렸다.

큰 아픔과 고통을 겪어보지 않고는 작은 일상 생활에 감사와 기쁨보다 피로와 권태를 느끼기 십상이다. 나도 그랬다. 볼 수 있고, 생각할 수 있으며, 숟가락을 들어 먹을 수 있고, 화장실에 갈 수 있는 일상의 사소한 행동을 할 수 있게 된 요즘, 나는 너무 감사하고 이 글을 쓸 수 있는 이 순간이 더더욱 행복하다.

곧 있으면 배가 불러올 베란다의 군자란을 보면서 살아 있다는 게 기뻐서 마음이 설렌다. '아, 내가 다시 꽃피고 새 우는 봄을 맞게 되다니……!'

(2011. 1. 12.)

바비큐를 못 잊는 여자

머리를 빡빡 밀고 둥그스름한 얼굴에 인자한 눈매, 잔잔한 미소를 머금은 대처승帶妻僧 같은 여女 스님이 위풍당당하게 내 옆 침대로 왔다. 여러 남자男子신도들이 무슨 깃발을 들고 줄줄이 따라 들어왔다. 우리는 어느 잘나가는 절의 주지스님이 병이 난 모양이라며 지켜보고 있었다. 남자신도들은 일사불란하게 주지스님을 편하게 하려고 이 일 저 일을 했다. 그런데 나이 든 남자신도는 누구엄마라 부르고 젊은 남자신도들은 어머니라고 불렀다.

그녀는 식사를 조금 준다고 투정을 부리다 주치의에게 혼이 났다. 지금 그 상황에서 밥 욕심을 부릴 때가 아니라고 했다. 비만 때문에 뇌혈관이 막혀 수술을 한 상태였던 것이다. 그래도 그녀는 돼지 바비큐 타령이었다. 경기도 어느 경치 좋은 산골에서 남편과 함께 도자기를 구우며 자주 돼지 바비큐를 맛있게 해먹고,

친구들도 초대하며 즐겁게 살았는데 이게 웬일인지 모르겠다며 한숨을 쉬었다. 하루빨리 산골 도자기 작업장으로 돌아가 돼지 바비큐를 해 먹으며 살고 싶다고 눈만 뜨면 말했다. 문병객이 올 때나 병실안 사람들에게도 자기가 퇴원하면 언제든 오라며 바비큐를 맛있게 해 주겠다고 했다.

처음 내 상상과는 전혀 다른 상황과 바비큐 때문에 병이 났음에도 바비큐를 못 잊는 그녀의 모습이 어찌나 웃기는지 나는 그녀와 마주칠 때마다 나도 가면 바비큐를 해 줄 거냐고 다짐을 받곤 했다. 잘못된 결과를 가져올지 뻔히 알면서도 우리는 살던 습관을 고치기 어렵다. 바비큐로 인한 콜레스테롤 증가로 뇌에 혈전이 생겨 승려로 오해 받을 만큼 머리를 빡빡 밀고 수술을 받아 그 고생을 했으면서도 바비큐를 못 잊는 그녀는 어쩌면 전생에 마음씨 좋은 스님이었는지도 모른다는 생각이 들었다.

만물의 영장이라고 뽐내며 온갖 문명의 이기利器와 문화를 즐기며 살지만 다가올 미래에 대한 불확실한 상황을 알지 못한 채 살아가는 것이 우리 인간의 맹점盲點이 아닌가 싶다.

(2011. 1. 26.)

5부

역사는 말해준다

일본, 그 가깝고도 먼 이웃

우리 여고 동창 일행 16명은 가방 하나씩을 끌고 여행사 앞에 모였다. 이 나이에 단체로 여행한다는 것만으로도 설렜지만 가까운 곳이기에, 간단하지만 멋있게 꾸미고 나왔다.

세상은 참 좋아졌다. 1990년대만 해도 70이 넘은 할머니들이 단체로 여행을 한다는 꿈이나 꾸었겠는가. 우선 체력이 문제다. 옛 노인들은 70이 넘으면 기력이 떨어져 동네 출입이 고작이었다. 집안일에서 놓여나지도 못했고 경제적으로도 여의치 않았다. 이제 우리는 모든 것에서 자유로워졌다. 지리적으로는 가깝지만 마음으로는 먼 곳까지 온천욕을 즐기고 벚꽃을 구경하러 가니 축복받은 일이 아닌가?

아침 일찍 출발하여 봉하마을에 들러 부엉이바위에도 올라가 보고, 오후 5시에는 '부산'에서 부관 페리호에 승선하였다. 단체여행답게 한 방에 다 모여 자려니 피로도 모르고 온갖 수다를 떨다 언제 잠이 들었는지도 기억나지 않는다. 아침이 되니 시모노세키항에 도착했다. 후쿠오카로 이동하여 하카다 타워를 구경하고 태재부 천만궁으로 갔다. 날씨도 좋고 벚꽃이 만개하여 장관이었다. 때맞춰 잘 온 것 같았다. 벚꽃의 나라에서 본 벚꽃은 우리나라와 별반 큰 차이는 없지만 어쩐지 더 화사하게 보이는 것 같았다.

천만궁은 백제 왕인박사의 후손인 학문의 신 '스가와라 미치자네'를 모신 곳으로 여기 와서 기원祈願하면 똑똑하고 공부를 잘한다 하여 입시철이 되면 많은 부모들이 찾아와서 기도를 하고 소원을 종이쪽지에 적어 걸어놓는단다.

우리가 가던 날도 많은 사람들이 기도를 하고 있었다. 일본이나 우리나라나 자식들이 좋은 학교에 들어가 잘되기를 바라는 부모의 마음은 한결같다. 소머리 동상이 있었는데 동상의 머리를 문지르면 치매에 걸리지 않는다 하여 우리 일행은 너도 나도 모두 힘차게 문질러댔다. 매화나무, 500년 된 녹나무 등 분수와 연못이 어우러져 공기는 맑고 경관이 아름다웠다.

후쿠오카는 규슈 섬에서 6번째로 큰 도시로 아파트 베란다에는 샷시들이 없었다. 도둑맞을 염려는 절대 없고 지진이 났을 때 빨리 피할 수 있게 하여 인명피해를 막기 위해서라 했다. 천만궁에는 일본의 전통 '벤또'와 매화 떡이 유명하여 배고픈 참에 깔끔하고 알맞은 양의 벤또와 매화 떡 한 개씩을 맛있게 먹었다.

쿠마모토로 이동하여 일본 3대 성 중 하나인 쿠마모토성을 관광했다. '가토 기요마사'가 1601~1607년까지 7년 동안 축성한 아주 튼튼한 돌로 만든 성인데 임진왜란 때 우리나라 '이순신' 장군에게 크게 패한 기요마사가 원한에 사무쳐 그렇게 튼튼하게 지은 일본 국가 지정 중요문화재로 지상 6층 지하 1층인 천수각은 돌담 위로부터 30m 높이에 서 있고 내부에는 가토가, 호소카와가의 서남 전쟁의 자료가 전시돼 있다.

적이 쉽게 들어올 수 없게 하기 위해 망루를 많이 만들고 해자(물이 고여 있는 곳)도 곳곳에 만들었으며, 우물을 120개나 팠다 한다. 난공불락의 요새 같았다. 비상식량으로 사용하려고 은행나무를 많이 심었고 벚나무도 많이 심었다 한다. 세월이 흘러 관광지가 되어 많은 사람들이 구경을 오니 철 만난 벚꽃은 입구부터 그 아름다움을 맘껏 뽐내고 있었다. 전쟁 때 요새라기보다 벚꽃성 같았다. 쿠마모토성을 관광하고 아소로 이동했다.

(2010. 3. 30.)

반짝거리는 하버드대 초대 총장 동상의 발등

한가위 아침나절, 아들 내외를 정신없이 챙겨 보내고 나니 거실은 텅 빈 가을 들판처럼 썰렁했다. 한바탕 전쟁을 치르고 난 뒤의 패잔병처럼 멍하니 앉아 있는데 전화벨이 울렸다. 먼 곳에서 온 반가운 전화였다. 올해 9월 2학기부터 미국 캘리포니아주 남가주 대학에 교환교수로 간 동생댁의 안부전화였다. 너무 반가웠다. 먼 외국에서 아이 둘을 돌보며 등하교시키랴, 자기 일을 하랴, 얼마나 힘이 드는지 궁금하고 걱정이 되었는데 밝고 씩씩한 동생댁의 목소리를 들으니 눈물이 나오려고 했다.

8월의 마지막 날, 잘 다녀오겠다며 인사를 하고 떠난 게 엊그제 같은데 추석명절이라고 잊지 않고 전화를 해주니 고마웠다. 그리고 장하다는 생각이 들었다. 우리나라에서도 아이들 둘을 수발하기가 쉽지 않은데 낯선 이국異國 땅에서 자기 일까지 하면서 애들을 돌본다는 것이 얼마나 어려울까. 동생댁은 아이 둘을 데리고 떠나면서 자기 일은 둘째고 첫째는 아이들 교육 때문이라고 했다. 초등학교 6학년인 첫째, 유치원에 다니는 둘째의 영어를 확실히 익히기 위해서라고.

장하고도 장한 우리 대한민국의 억척 엄마다. 자식교육이라면 죽을힘을 다해 자신을 버리고 오로지 자식만을 위해 모든 것을 다 바치는 게 우리나라 엄마들이다. 일과를 시간대별로 말하기에 어떻게 그렇게 다할 수 있느냐고 하니 한국에서는 제 아빠랑 나눠 처리해서 제가 신경을 덜 쓴 것 같아 속죄하는 마음으로 열심히 하고 있으니 걱정 마시라고 했다. 형님도 일하시면서 수현이 정환이를 반듯이 잘 키우시지 않았느냐며.

몇 년 전 미국 동부의 명문대 투어를 할 때의 일이다. M.I.T(Massachusette Institute of Technology)는 1865년 윌리암 리저드 초대 총장이 과학도 양성을 목적으로 보스턴 찰스 강 북쪽에 142에이커 규모로 케임브리지 캠퍼스에 창립한 뒤 세계 최고의 공과대학으로 키웠는데 지금은 10여 개의 공학 관련 전공 분야가 있다. 전기공학, 기계공학, 핵공학, 해양공학, 컴퓨터공학 등 캠퍼스 내에 40여 개의 특수 연구소와 실험실을 갖추고 하버드대와 공동프로젝트로 인공지능 발전 연구소 생명공학센터, 암연구소 등이 있고 연방정부 지원으로 국방과 관련 최신 전자공학, 세계통신, 비행항로 조정연구 등을 한다. 우리나라에서 유학을 간 학부생은 23명이고, 대학원생은 237명이 재학하고 있는데 같이 갔던 엄마의 아들이 대학원에서 전기공학을 공부하고 있었다. 반가운 모자 상봉을 보는 우리도 뿌듯했다. 공대답게 별 꾸밈없이 캠퍼스며 강의실이 실용적이었다. 정문과 도서관만큼은 웅장하게 화강암 대리석으로 해놓아 그 위용을 자랑했다. 현지 가이드가 수완이 좋아 강의실까지 들어가 앉아볼 수도 있었다.

세계적인 아카데미의 산실 하버드대는 하버드 목사가 세운 370년의 역사를 간직한 학교인데 매사추세츠주 보스턴을 감싸고 흐르는 찰스 강의 북쪽 케임브리지에 M.I.T와 담을 맞대고 있었다. 이들 두 대학은 수많은 프로젝트와 연구를 공동으로 진행한다. 4,938에이커의 캠퍼스에 10개 대학이 있고, 1,500만 권의 장서를 갖춘 도서관이 자랑거리다. 경제, 사회, 정치, 영문학, 고전문학, 비교문학, 철학, 동양학 등 모든 인문사회의 중심이다. 존 F 케네디 대통령과 헨리키신저 국무장관, 시인 T.S 엘리엇, 백만장자 록펠러 등이 하버드대학교를 나온 대표적 인물이다. 우리나라에서 유학을 간 학부생은 29명이고 대학원생은 240명이라고 했다.

널따란 캠퍼스는 잔디가 심어져 있고, 숲이 우거진 아늑한 분위기여서 언제 어디서고 앉거나 누워서 책을 읽을 수 있어 좋았다. 학생들은 삼삼오오 혹은 혼자 나무에 기대거나 잔디에 앉아 책을 읽고 있어서 세계의 석학들이 나올 만한 분위기였다. 강의실도 붉은 벽돌로 낮게 지어 잔디에 앉아서 책을 읽다 언제든지 들어갈 수 있게 되어 있었다. 고풍스럽고 자유스런 분위기가 세계의 영재들이 맘껏 학문을 배우고 가꿀 수 있는 곳 같아 그곳에서 공부하는 학생들이 부러웠다.

캠퍼스 중앙에 하버드대학교 초대 총장의 동상이 서 있었다. 부모들이 그 총장 동상의 발등을 문지르면 자식들 3대가 하버드대에서 공부할 수 있는 영광을 가질 수 있단다. 관광객들마다 저마다의 꿈과 희망을 가지고 그 총장의 발등을 어찌나 문지르던지 반질반질 빛이 나고 있었다. 햇빛이 유독 좋은 날엔 더욱더 반질거린단다. 가이드는 교육열이 높은 대한민국의 엄마들이 더 많이 문지른다면서 자기 아버지도 너무 많이 문질러서 자기는 가이드밖에 되지 못한 것 같으니 어머니들은 적당히 문지르라고 하여 한바탕 웃었다. 그러나 우리는 모두 열심히 문질렀다. 우리 집 1대는 남동생이 일단 교환교수로 다녀왔으니 이제 우리 아이들 차례인 것 같아 나도 있는 힘을 다해 문질렀다. 우리 동생댁인 지효 엄마도 이런 사실을 안다면 천릿길도 마다하지 않고 달려가 봄 햇살을 한 아름 안고 환하게 웃으며 돌아올 일을 생각하니 기뻤다. 못 말리는 게 우리나라 엄마들의 교육열이다. 이 힘이 국력이고 미래 우리나라의 희망이 아닐까.

겨울을 이겨내고 꽃을 피워내는 인동초忍冬草 같은 우리나라 엄마들이 장하다. 대한민국 엄마들, 파이팅이다.

미국 동북부의 브라운대학교, 컬럼비아대학교, 하버드대학교, 예일대학교, 코넬대학교, 다트머스대학교, 펜실베이니아대학교, 프린스턴대학교 등이 아이비리그(IVY League) 대학들이다. 담쟁이덩굴이 뒤덮여 고풍스럽고, 리그제로 미식축구경기를 하는 대학들이라고 한다.

(2008. 9. 15.)

신전의 나라 그리스

세계사 교과서에서 사진으로만 보았던 파르테논 신전을 보려고 아테네에 있는 아크로폴리스로 올라갔다. 아크로폴리스는 '높은 지대에 있는 마을'이라는 의미답게 올라가는 길이 험하고 미끄러웠다. 기원전 5세기 페르시아 전쟁의 승리로 그리스 문명의 황금기를 이루었던 그곳에는 웅장한 자태를 뽐내며 BC 4세기경 '페리클래스'가 설계하여 조각가 '피디아스'가 15년 걸려 완성한 파르테논 신전이 있었다. 그 신전은 유네스코 고적1호로 지정되었다. 파르테논 신전은 전쟁과 지혜의 신인 아테네의 수호신 아테네 여신을 모시던 곳으로 세계에서 가장 균형잡힌 건축물이라고 한다. 때마침 보수 중이어서 전체를 다 볼 수는 없어도 가로 30.88m, 세로 69.5m 높이 10.43m의 웅장하고 섬세한 조각품 같은 기둥만 보아도 옛 로마인들의 예술적 경지를 알 수 있었다. 이 기둥을 보려고 세계인들이 끊임없이 올라왔다. 파르테논 신전 앞에서 기둥을 배경으로 사진을 찍었다. 교과서에 나온 그곳을 직접 본 것만으로도 흥분하지 않을 수 없었다. 멀리 반대쪽 올림프스 산 위에 있는 제우스 신전을 바라보았다. AD 2세기 로마제국 히드리우누스 황제 때 완공된 제우스 신전은 그리스의 파르테논 신전보다 더 웅장하여 기둥이 84개나 된다. 옛 그리스와 새 그리스의 경계에 지금은 코린트식 대리석 기둥 15개만 넓은 마당에 덩그러니 남아 있었다. 나는 제우스 신전을 카메라에 담았다. 그 기둥들은 제우스 신전답게 가장 높은 곳에서 하늘을 떠받치고 있는 듯 보였다.

아크로폴리스에 올라가면 정면에 BC 437년부터 5년 걸려 세웠다는 3개의 장엄하고 화려한 백색 대리석의 둥근 기둥이 서 있는데 세계에서 유일하게 볼 수 있는 도리아, 이오니아, 코린트식이 혼합된 프로필레아라는 건축물이다. 그 오른편 대 위에 아테네 여신을 찬양하려고 세운 이오니아식 니케 신전이 있는데 처마 둘레와 난간에 아테네, 제우스, 에로스 등 그리스 신화의 여러 신들이 조각되어 있어 옛 그리스 신들을 다 만날 수 있었다. 그리스 신전들은 다 기둥만 남았다. 그러나 그 기둥들이 고대 문명의 예술품들이기에 온 세계 사람들이 열광하며 그것을 보려고 몰려드는 것이다.

그밖에 기원전 407년에 만들어진 도리스식, 이오니아식이 합쳐진 에레크테이온 신전은 작지만 아름다웠다. 아크로폴리스 남쪽 기슭에는 그리스에서 가장 오래된 디오니소스 극장이 있었다. 술의 신 디오니소스를 위해 만든 극장으로 봄에는 비극, 겨울에는 희극을 공연한다고 한다.

초대 올림픽 경기장도 볼 수 있었다. 선수들이 달리는 트랙은

고대 경기장같이 말굽 모양이었으며 수용 인원은 5만여 명이라 한다. 이집트 알렉산드리아에 사는 그리스 부자 '아베로프'가 기부금을 내서 1830년 복원하여 1896년 프랑스 남작 '쿠베르탱'이 올림픽이란 이름으로 제1회 올림픽을 열었던 곳이다. 내가 역사의 현장에 와 있다는 것이 실감나지 않았다.

올림프스산 언덕 숲 속에는 제우스의 아내 헤라를 모시는 신전이 있었다. BC 7세기에는 목조건물이었으나 100년 후 석조로 바꾸었는데 그리스 신전 중 가장 오래된 신전의 하나로 지금은 몇 개의 기둥과 중간 벽만 남아 있다. 헤라 신전에서 비너스 같은 그리스 여인들이 성화를 채화하던 광경이 보이는 듯했다.

아테네 시가지 중심에 있는 신타그마 광장에는 비둘기들이 사람들과 함께 놀고 있었다. 1843년 최초의 헌법이 공포된 곳으로 아리스토텔레스가 학원을 열었던 곳이기도 하다. 관청, 쇼핑가, 여행사 등이 있었다. 이곳 아담한 상점에서 감색 바탕에 까메오가 조각된 목걸이 팬던트가 어찌나 아름다운지 딸이 까메오같이 예뻐 보이기를 바라는 마음에서 큰마음 먹고 샀다. 피부가 거친 아들을 위해서는 그리스 특산품인 올리브유 비누를 샀다. 그리스는 어디에 가도 올리브 나무를 볼 수 있었다. 그들은 시간만 나면 푸른 지중해 바다에서 해수욕을 즐기며 조상들이 남긴 문화적 유산과 천혜의 올리브유 제품들을 팔아 인생을 즐기면서 낙천적으로 살고 있었다.

(2005. 10. 10.)

러시아 겨울궁전에서의 만찬

운동화와 점퍼차림의 우리들은 스스럼없이 흰 대리석 위에 붉은 카펫을 깐 겨울궁전의 중앙 계단을 올라가 왼편으로 돌아 Grand Duke Nikeolai 공작석 거실 식탁 앞에 앉았다.

식탁 앞 메뉴판 맨 위에는 31 May 2007. 13:00 For our guests from Korea(한국으로부터 온 우리의 손님들을 위하여)라고 환영의 뜻을 정중하게 써 놓았다. 그 아래에 메뉴를 적어놓았다.

"'봄 환상의 샐러드'

신선한 양배추, 당근, 향기로운 후추, 신선한 오이.

'수프(soup)'

러시아 붉은 무 뿌리와 발효된 시큼한 크림과 함께.

'주요 코스'

치즈와 양송이버섯을 재료로 쓴 닭고기 살점과 야채와 열 접시 크림소스를 제공함.

'빵은 궁전 빵집에서 구운 것'

후식으로는 시원한 과일시럽과 아이스크림, 알코올이 함유되지 않은 음료수는 'Rosinka'라는 150m 깊이에서 파낸 광천수와 레몬이 든 주전자를 제공함."

차(茶)는 'Greenfield'와 특별한 커피 'Melitta'라는 완벽한 Arabica-Robusta를 혼합한 것을 크림과 설탕과 함께 갖춰 놓았다. 와인도 이용할 수 있다고 쓴 메뉴판을 테이블 각자 앞에 정갈하게 세워 놓았다. 테이블도 러시아 귀족들이 쓴 것이어서 문양이며 모양이 섬세하고 우아했다.

메뉴판대로 식사도 아주 맛깔스럽고 고급스러웠다. 특히 'Greenfield'라는 차 맛은 일품이었다. 이제까지 맛보지 못했던 홍차 종류였다. 한 봉지만 타가지고 룸메이트와 나눠먹고 한 봉지는 주머니에 넣어 가지고 왔다. 후일 내게 가장 귀한 손님이 우리 집을 방문하면 자랑하며 대접하고 싶었다.

은발의 러시아 할머니가 식사하는 동안 우리 가곡 「그리운 금강산」과 「아리랑」 등을 피아노로 연주해 주었다. 각 테이블에서 팁을 주기 시작했다. 연주자는 신이 나서 윙크까지 하며 신청곡을 척척 연주해 주었다. 우리는 마치 공작이나 백작부인이 된 듯한 착각 속에서 우아하고 여유롭게 식사를 하며 1시간여 동안 즐겼다. 나도 5유로를 팁으로 내놓으며, 바다체스카의 「소녀의 기도」를 청했다. 옛날 우리 딸 수현이가 피아노를 배울 때 맨 처음 나에게 들려준 곡이기에 평생 잊지 못하고 좋아한다. 분위기에 맞는 드레스만 입었으면 얼마나 좋았을까 생각했다.

식탁 위 각자 앞에는 공작과 백작들, 그 부인들이 우아하고 예쁜 드레스 차림으로 환담하며 만찬을 즐기는 모습의 작은 그림 엽서 한 장씩이 놓여 있었고, 그 엽서 한구석에 조그맣게 'Feel yourself!'(당신 자신같이 느껴라.)라고 씌어져 있었다. 이들의 이런 세심한 배려 때문에 더욱더 비록 운동화에 점퍼 차림이었지만 마치 백작부인이 된 듯한 환상 속에서 식사를 하며 분위기를 즐길 수 있었다. 좋은 세상이 되었다. 10여 년 전만 해도 우리 같은 일반인이 상트페테르부르크 겨울궁전 공작실에서 감히 식사를 할 수 있으리라고 어느 누가 상상이나 했겠는가. 어쨌든 멋있고 감미롭고 즐거운 식사였다.

이 겨울궁전은 황제들의 주택으로 네바 강을 따라 230m나 뻗어 있고 담록색의 외관에 흰 기둥이 잘 어울리는 웅장하고 우아한 로코코 양식이다. 1,056개의 방과 117개의 계단 2,000여 개가 넘는 창문으로 장식되어 있었다. 겨울궁전은 총 6개의 건물로 연결된 에르미타쥐 국립박물관 중의 하나였다.

겨울궁전은 에르미타쥐 건물의 심장부이기에 궁전의 중앙 계단에는 붉은 카펫을 깔았다. 창문의 모습을 하고 있는 거울에는 궁륭벽화가 끝없이 이어지는 듯 보였다. 천장에는 올림피아(고대 그리스의 제우스 신의 묘지 소재지로 올림픽 경기가 행해진 곳)가 그려져 있었다. 벽면에는 진실, 정의, 위엄, 지혜, 공정, 풍요를 상징하는 조각상들이 세워져 있어 이 궁전이 지상 신의 덕을 행하는 이의 저택이란 의미를 내포하고 있다.

에르미타쥐 박물관은 서유럽관, 고대유물관, 원시문화관, 러시아문화관, 동방국가들의 문화예술관, 고대화폐전시관 등의 6개 파트로 나뉘어져 있다. 전시된 작품들을 한 점당 1분씩만 본다고 해도 다 보려면 5년이나 걸린다고 하니 그 규모와 작품의 분량을 짐작할 수 있었다 우리는 3시간 정도 잠깐 둘러보았으니 수박 겉핥기식 구경이었다. 그 중 몇 작품만 유심히 관람했다.

공작시계라는 정교하고 아름다우며 재미있는 장난감 같은 시계가 있었다. 공작, 수탉, 부엉이, 다람쥐 모양의 복잡한 기계로서 숫자 판은 버섯의 우산 모양 밑의 틈 속에 숨겨져 있으며 이 기계 장치를 작동시키면 천상의 멜로디가 울려 퍼지며 공작이 꽁지를 펴고 수탉이 운단다. 우리를 안내해준 가이드도 5년 동안 여기에 있으면서 꼭 한 번 그 멜로디를 들었다고 했다.

네덜란드 화가 렘브란트의 「돌아온 탕자」는 맨발에 다 해진 옷을 입고 돌아온 아들을 아버지가 안아주고 있는 그림이었다. 이 그림은 보는 이의 마음을 아프게 하는 것 같았다. 고대나 현대나 동서양을 막론하고 부모의 마음은 다 같다. 자식들은 부모의 이런 사랑과 용서의 마음을 얼마나 헤아릴 수 있을까.

손가락으로 금지하는 동작을 취하는 큐피트의 조각상은 귀엽고 깜찍해서 사랑에 빠질 수밖에 없는 작품이었다. 모네의 「지베르니의 건초더미」는 건초더미가 쌓여 있는 농촌의 풍경으로서 평화로움 그 자체였다. 마티스의 「춤」은 원초적인 인간고뇌의 유희 모습을 보는 것 같았다. 피사로의 「몽마르트 거리」는 전에 갔던 상젤리제거리를 떠올리게 했다. 레오나르드 다빈치의 「꽃을 손에 쥐고 있는 마돈나」와 「마돈나와 아기 예수」는 르네상스 전성기의 작품들로서 환상과 현실이 조화를 이룬 신비로움을 주는 작품이었다.

이 밖에 피카소 작품까지 이어지는 볼거리는 숫자로 셀 수도 없고 말로 다 형용할 수도 없는 그야말로 동서양, 고대에서 현대까지를 모두 아우르는 예술품의 보물창고라 해도 좋을 듯한 에르미타쥐박물관이었다. 나중에 건강이 허락하면 다시 한 번 찾아가 더 자세히 보고 싶다. 옛날 소련정권이 그렇게 강한 나라로 군림할 수 있었던 것도 이런 보물들을 많이 소장한 데서 힘이 생긴 게 아닐까 싶었다.

내가 가본 몇 안 되는 러시아의 도시들은 아름답고 웅장하고 멋있는 건축물과 유물로 가득 찬 곳이었다. 위에 열거한 메뉴판은 영어사전을 한나절 뒤적여 썼고 겨울궁전과 에르미타쥐에 대한 설명은 거기서 구입해 무겁게 들고 온 책들을 참고했다. 그러나 그림에 대한 소감은 문외한인 나의 단편적인 생각일 뿐이다.

저녁에는 왕족들만 관람했던 그 겨울궁전 극장에서 클래식 발레인 「지젤」을 120유로라는 거금을 내고 보았다. 그러나 돈이 아깝지 않았다. 발레의 본고장인 그곳에서 그것도 왕족들만 관람했다는 왕정극장에서 본 감회는 너무 감격스러웠다. 내가 오늘날까지 살아 있는 것에 대한 기쁨과 축복 그리고 감사를 느낀 저녁이었다.

모스크바 시대 아르바트거리의 한 상점에서 산 마트로시카 목각인형은 정교한 그림이 그려진 통통한 인형을 돌려서 열면 더 작은 인형이 숨어 있다. 손톱만 한 가장 작은 것까지 10개가 넘는 인형이 들어 있는 것도 있다.

마트로시카는 러시아어로 어머니라는 뜻의 마니에서 나왔다 한다. 다산과 풍요를 기원하는 러시아 민예품인형으로 우리말로는 일명 알까기인형이라 하여 모두들 좋아하고 재미있어 한다. 값이 비싸고 정교한 그림 솜씨 같아서 10피스짜리 하나를 사고 5피스짜리를 몇 개 더 샀다. 10피스짜리를 며느리에게 주며 이

인형을 받는 사람은 그 안에 든 인형 수만큼 아기를 낳아야 한다고 하니 눈을 동그랗게 뜨고 너무 하신다며 대경실색했다. 그 모습이 재미있어 네가 그렇게 할 수 없으면 모스크바 그 상점에 가서 교환하든지 반품하든지 해야 한다니까 며느리는 받을 때의 기쁨은 어느덧 사라지고 땅이 꺼지는 듯 한숨을 쉬었다. 순진한 며느리를 놀려먹는 재미가 쏠쏠했다. 내가 좋아하는 후배와 중학교 교장인 내 여동생도 다들 재미있어 하며 형님은 좋은 선물만 사다 주신다며 고마워했다. 5피스짜리는 5유로씩에 샀다. 적은 돈으로 큰 인심을 쓴 셈이다.

모스크바의 크레믈린궁, 붉은 광장, 성 바실리성당, 레닌 묘, 모스크바대학, 상트페테르부르크의 여름궁전 등 러시아 곳곳의 건축물은 다 특색이 있고 모든 건축양식의 대표물이라 할 수 있었다. 볼거리가 많은 곳이 러시아였다. 쫓기는 시간이 아쉬웠다. 정신없이 사진을 찍었지만 어찌 눈으로 직접 보는 것과 비교가 되겠는가. 이렇게 여운이 많이 남는 곳인지 예전에 미처 몰라 늦게 가본 것이 안타까울 뿐이다. 상트페테르부르크 겨울궁전에서의 만찬은 내 생애 잊지 못할 아름다운 추억을 남겨준 일로 기억하고 싶다.

(2007. 5. 31.)

오바마의 어깨

버락 오바마, 그는 누구인가?

140여 년 전 에이브러햄 링컨 대통령이 남북전쟁을 승리로 이끌어 흑인 노예제도가 폐지된 뒤에도 해결되지 못했던 인종 문제를 뛰어넘어, 사회통합을 이루어낸 미국의 제44대 대통령이다. 케냐 출신 흑인 아버지와 캔자스 출신 백인 어머니 사이에서 태어난 미국 233년 역사상 처음으로 당선된 흑인 대통령이다. 그는 선거 기간 내내 '변화(change)'와 '우리는 할 수 있다.(yes, we can)'는 캐치프레이즈를 내세워 승리했다. 그리고 강조했다. '우리는 하나(we are one)'라고. 세계적인 경제위기와 이라크, 아프가니스탄 전쟁 등을 풀기 위해서는 모두가 힘을 합쳐 자신감을 갖고 바꿔나가야 한다고 외쳤다.

148년 전 링컨 대통령이 사용했던 그 성경에 손을 얹고 취임선서를 했다. 링컨 열차 타기는 국민통합의 이벤트로서 통합과 희망을 상징한다. 경제위기 상황은 루스벨트 대통령 때와 흡사하다. 루스벨트는 우리가 두려워할 것은 두려움 그 자체라며 위대한 국민은 잘 견뎌낼 수 있을 것이라고, 실의에 빠진 국민에게 경제부흥의 희망과 의욕을 고취시켰다. 오바마는 '희망과 미덕을 갖고 한 번 더 한파를 뚫고 폭풍을 견디며 앞으로 나아가자.'고 호소하며 미국 국민에게 감동을 주었다. 미국의 자존심 회복이라는 사명을 짊어진 첫 흑인 대통령은 독립선언문이 만들어졌던 펜실베이니아주 필라델피아에서 '통합의 열차'를 타고 워싱턴으로 출발했다.

로드 아일랜드에서 7시간 동안 차를 몰고 왔다는 70대 백인 의사는 오바마가 무력이 아닌 평화적 방법으로 국제적 난제를 해결해내어 전 세계인으로부터 존경받던 미국의 옛 위상을 회복할 수 있기를 바란다고 했다. 영하 7도의 추위도 녹인 200만 명의 취임식 축하 인파들은 지적이며 카리스마 넘치는 40대 젊은 새 지도자에 푹 빠졌다. 오바마의 등장은 가난한 서민도 꿈을 이룰 수 있다는 희망을 전 세계인에게 알려줬다. 애틀랜타에 사는 106세 흑인 할머니 앤 닉슨 쿠퍼는 피부색과 여성이라는 이유로 투표도 못했지만, 오늘은 투표를 했고 역사적인 순간을 목격했다며 미국은 꿈을 가져도 되는 나라라고 말했다. 그녀는 밤늦게까지 자지 않고 오바마 당선 연설을 들으며 우리가 흑인 대통령을 뽑을 수 있으리라고는 상상도 하지 못했다며, 난 너무 흥분했고 내 106세 인생의 최고 순간은 오바마 승리 연설을 듣는 것이라고 했다.

자유로운 영혼의 어머니 던햄은 오바마를 새벽 4시에 깨워 영어 공부를 시켰고, 마틴 루터 킹 목사의 책을 읽게 하고, 흑인 음악을 들려줬으며, 외할머니 매들린 던햄(85)은 하와이 은행에서 비서로 일하면서 쓸 돈을 아껴 오바마를 흑인으로서 긍지를 가지고 살게 했으며, 하버드 로스쿨까지 엘리트 교육을 시켰다. 동서고금을 막론하고 훌륭한 자식 뒤에는 헌신적인 어머니가 있었다. 외할머니는 안타깝게도 오바마가 당선되기 전날 눈을 감았다고 한다.

2009년 1월 20일 취임식엔 캘리포니아 새들백교회 릭 워런 담임목사의 기도와 중국계인 요요마의 첼로, 이작펄만의 바이올린 연주로 시작했다. 예일대에서 흑인 문학을 가르치고 있는 엘리자베스 알렉산더 교수가 축시를 낭독했다. 2001~2003년 미국 계관시인 빌리 콜린스가 쓴 축시 「물에 띄우다(launch)」였다.

"오늘 보트 한 척이 강으로 나아가네…….
짙은 구름이 사방에서 몰려온다고들 하지만
지금 우리 위엔 찬란한 태양일 뿐……."

태양 아래 강으로 미끄러져 들어가는 보트의 이미지로 오바마 대통령 취임에 대한 기대감을 표시했다. 취임사 주제 '자유의 새로운 탄생'을 18분 동안 말하면서 '국가'라는 단어 15번, '미국' 9번, '국민과 일'이란 단어를 8번 사용했다. 취임사에서 '오늘부터 먼지를 털고 일어서 미국을 다시 세워야 한다. 경제는 대담한 결정을 원한다. 도전을 이기는 데 필요한 기본원칙은 근면, 정직, 관용, 호기심, 충성, 애국심이며 이런 정신은 역사를 진보시켜온

강력한 힘이다. 후손들에게 우리는 좌절하지 않고 희망의 지평선과 신의 축복을 응시하면서 전진해 나갔다고 말할 수 있도록 하자고 했다. 통합을 강조하면서 근면으로 경제위기를 극복하자고 다짐한 것이다.

미국과 세계가 평화 속에 공동 번영하는 길을 찾아야 한다. 오바마는 성공해야 한다. 미국만이 아니라 세계를 위해서, 그런데 오바마는 취임 직후 미국산 철강만 쓰도록 '바이 아메리카'를 강조했다. 동양의 공자孔子는 논어 옹야雍也편 제6, 28장에 '어진 사람은 자신이 서고자 할 때 남을 먼저 서게 하며 내가 이루고 싶을 때 남을 먼저 이루게 한다.(夫人者 己欲立而立人 己欲達而達人 부인자 기욕립이립인 기욕달이달인)'고 했다. 내가 이루고 싶은 것, 내가 갖고 싶은 것을 남이 이루고 남이 얻도록 밀어 주어야 한다고 했다. 이 말을 새겨보고 미국의 서브프라임 모기지 문제로 온 세계인이 앓고 있는 이 경제위기 상황에 대하여 책임감을 가지고 세계인이 다 같이 잘 살 수 있는 길을 찾아야 할 것이다.

커피는 안 마시고 아이스크림이라면 사족을 못 쓰고, 「카사블랑카」, 「뻐꾸기 둥지 위로 날아간 새」란 영화를 좋아하며, 화가는 '피카소', 클래식은 '바흐'를 좋아하고, 책은 허민 멜빌의 『백경』과 『해리포터 시리즈』, 『스파이더맨』과 『코난』 만화책을 모으는 10대 소년 같은 사람이 오바마 대통령이다. 취미가 다양한 미국 대통령 오바마는 얼음과 같은 성격에 대중과 소통하는 능력과 적재적소에 사람을 고용하는 지혜롭고 냉철한 사고력을 가진 패기 넘치는 40대이기도 하다. 아침에 일어난 뒤 바로 1시간 40분씩 운동을 한다니 오바마 어깨의 힘은 셀 것 같다. 이 무거운 세계의 경제위기를 거뜬히 들어올리고 긴 어둠의 터널을 하루빨리 빠져나와 태양이 빛나는 환한 들판에 우뚝 섰으면 좋겠다. 지구촌 사람들의 눈은 지금 오바마 어깨가 얼마만큼의 무게를 들어 올릴 수 있을지 주시하고 있다.

2009년 1월 20일 세계인의 이목耳目을 집중시키며 취임식을 했던 오바마는 2011년 8월, 70년 만에 미국 신용등급을 트리플 A에서 한 단계 강등되는 초유의 사태가 발생함으로써 글로벌 금융시장은 요동치며 세계 증시는 곤두박질치고 더블딥(이중침체현상) 우려와 어둠의 그림자로 세계인들은 전전긍긍하고 있다.

2012년 대선大選에 재도전하려는 오바마를 힘들게 하고 있다.

부디 이 지구촌의 어려운 상황들을 이겨낼 수 있도록 강한 어깨가 되었으면 좋겠다.

'버락(Barak)'이라는 단어는 아프리카 스와힐리어로 축복받은 사람이라는 뜻이란다. 이름같이 축복받을 일을 많이 했으면 좋겠다.

(2011. 9.『전북문단』제65호 게재)

중국, 백 년의 꿈 베이징올림픽

지구촌 40억 명의 눈과 귀를 사로잡고 궁금증을 최대한 끌어올렸던 베이징올림픽, 개막식의 그 웅장하고 화려한 장이머우의 마술 쇼가 2008년 8월 8일 오후 8시에 드디어 막을 올렸다. 길게는 100년 짧게는 7년의 꿈을 중국이 온 힘을 다 쏟아부은 베이징올림픽은 거대한 땅덩어리와 인구, 56개 소수민족이 하나가 되어 역대 올림픽 가운데 최대 최고 최다를 유감없이 나타냈다.

불꽃으로부터 시작되었다. 제29회 올림픽을 상징하고자 만리장성에서부터 주경기장 상공까지 29곳에서 2,800발을 쏘아올렸다. 불꽃놀이는 행운과 새로운 시작을 뜻하는 중국의 전통문화로 신성神聖, 신기新奇, 창신創新을 나타내는 시각효과를 나타냈다. 또 중국을 상징하는 황룡과 홍모란을 오륜기와 함께 나타냈으며 2,008개의 미소 띤 세계인의 얼굴 모습도 띄워 올렸다. 폭죽의 죽竹은 경축의 축祝과 운이 같아 축제를 의미한다.

오성홍기五星紅旗가 입장하면서 개막식의 막이 올랐다. 「의용군 행진곡」을 개막식에 참석한 9만여 명의 관중이 비장하게 합창했다.

"일어나라, 노예가 되기를 원치 않는 사람들아! 우리들의 피와 살로 우리들의 새로운 장성長城을 쌓자!"

1부 찬란한 문명, 2부 환희의 시대로 나눠 중국 민족의 역사와 문화, 지금의 경제적 번영과 13억 중국인의 정신적 면모를 예술적으로 승화시킨 문화공연이 한 시간 동안 이어졌다. 수천 명이 동시에 벌이는 집단 군무 태극권은 힘의 상징 같았다.

4대 발명품을 보여주는 장면은 압권이었다. 화약과 종이, 대형 두루마리를 펼쳐 화약으로 수묵화를 그리는 장면은 경이 그 자체였고, 나침반의 표현은 환상적이었다. 중국 전통의상을 입은 1982년생인 세계적인 피아니스트 랑랑이 5세 소녀와 신들린 듯한 피아노를 연주하는 가운데 나침반은 북경에서 한 마리 제비[燕]를 만들어내 바다의 비단길을 찾아 나섰다. 서유럽까지 노를 저어가는 바다의 실크로드는 중국 역사상 가장 강성했던 한나라, 문화의 절정기였던 당나라의 영광을 재현코자 하는 중국인들의 열망이 담긴 강한성당强漢盛唐의 메시지를 표현했다. 땅속에서 거대한 지구가 치솟아 오르고 그 지구 위에 무중력 상태에서 세계인들이 유영하는 것 같은 장면은 세계가 하나 됨을 말하고, 하늘에서 우주선이 내려오는 모습은 지구와 우주의 하모니를 연출한 것이었다.

중국 역사에 공자는 아직도 위대한 성인聖人으로 남아 있다. 공자 제자 3,000명이 머리에 붓을 꽂고 죽간을 들고 온 인류가 하나라는 의미를 담은 '사해동포'를 표현하기도 했고, 논어論語의 학이學而편에 나오는 구절로 지구인에게 환영사를 보내며 공자를 재생

시키고 이백의 시詩를 망여산 폭포와 함께 보여주었다.

> 有朋自遠方來不亦樂乎(유붕자원방래불역낙호)
> 벗이 있어 먼 곳에서 찾아오니 어찌 즐겁지 않으랴

마지막 공연 꿈[夢想]에서는 중국의 남자 가수 류환과 영국 뮤지컬 가수 사라 브라이트만이 중국어와 영어로 주제곡인 「너와 나」를 불렀다.

> 하나의 세상에서 온 너와 나, 우리는 영원한 가족입니다. 꿈을 찾아가는 여행 중 베이징에서 만났어요. 친구여, 이리 와 손을 잡아요.

감동을 주는 합창이었다. 앞으로 세계가 영어와 중국어의 시대가 될 것임을 암시하는 듯했다. 중국과 동양의 전통문화를 최첨단 디지털과학기술로 완벽하게 결합시킨 환상적 무대를 꾸몄다.

4만 2,000t의 강철 빔을 엮어 만들어낸 타원형 외관, 새가 나뭇가지를 포개 만든 둥지와 같다고 해서 냐오차오(새 둥지)라 한 주경기장은 스위스 건축가 듀오인 자크 헤어초크와 피에르 드 뫼롱의 작품이다. 건축물이 들어선 곳과 거기에 얽힌 문화와 조화를 이루는 건축물로서 모든 게 초대형 초호화판이다. 그것은 스스로 세계의 중심이 되고자 하는 중국의 의지를 표현함으로써 크고 힘 있는 큰형님의 자리에 오르고 싶은 욕망을 나타낸 것이리라. 풍수 전문가들의 자문을 받아 자연과 중국 역사와 문화의 기를 최대한 받을 수 있도록 했다고 한다. 주경기장 '냐오차오'란 이름은 고대 중국에서 태양을 말했던 진냐오[金鳥]에서 따온 것으로서 세계의 태양 속에서 올림픽이 열린다는 의미라 하고, 마스코트도 오행설에 따라 중국 수호신인 주작朱雀에 뿌리를 두었다 한다.

8월 8일 오후 8시, 돈을 번다는 피차이[發財]의 첫 발음 '파'는 중국어 발음 '빠'와 비슷, 초자연적 풍수사상에 올림픽으로 국운 상승을 염원했다. 주경기장 냐오차오의 위치는 남쪽으로 일직선을 그으면 자금성, 천안문, 마오쩌둥기념관으로 이어져 세계 최강 역대 왕조들의 기를 받아 올림픽을 성공적으로 치르고 세계에 부상하기를 기원하는 의미라 한다. 재래시장과 텐탄[天壇]으로 이어져 백성을 편안하게 하고자 하는 염원도 담겨 있다고 한다.

100년 전 4회 런던 올림픽에서 프랑스 피에르 드 쿠베르탱은 근대 올림픽 정신으로 '보다 빠르게, 보다 높게, 보다 강하게(라틴어로는 citius, altius, fortius)'라고 말했다. 이번 베이징 올림픽은 '하나의 세계 하나의 꿈'이란 슬로건을 내걸었다.

이렇게 역사와 풍수와 전통과 최첨단 디지털을 이용해 온갖 지혜와 깊은 의미가 담긴 개막식은 세계인을 전율과 경이로움으로 몰아넣었다. 우리 대한민국 국민은 미래에 닥쳐올 무서운 힘을 보는 듯했다. 중국 인구는 우리나라의 27배이며 중국 영토는 우리나라의 97배이다. 게다가 동북공정이라 하여 백두산, 두만강, 압록강 경계까지 자기네 땅이라 우기고 심지어는 이어도까지 자기 영토라고 주장하는 거대한 힘의 중국에 어떻게 대응하여야 우리를 지킬 수 있을지, 우리 후손들에게 무엇을 가르쳐야 할지 앞날이 걱정이다. 요즘 우리는 밤낮으로 자기 영역 지키기에 고심이고, 보수와 진보로 나뉘어 싸우며, 국민은 촛불집회로 날을 지새우니 우리의 앞날에 구름 걷힐 날이 언제일까. 여기에 잔꾀 많고 독한 일본의 도전을 또 어떻게 대처할 것인지, 우리 국민 한 사람이 몇천 명의 중국인과 일본인을 이겨낼 수 있는 지혜와 기술을 습득할 중차대한 시기가 온 것 같다. 여야와 진보, 보수로 네 편 내 편 가르는 싸움은 그만하고 모두 힘을 모아 국력 상승에 매진해야 할 때가 아닐까.

(『대한문학』, 2008, 작가회 연간선집 게재)

개성, 그 그리운 북녘 땅에 다녀와서

2008. 5. 14. 오전 1시 30분.

어둠의 장막을 뚫고 우리를 태운 버스는 북녘을 향해 달렸다. 오전 5시 30분 임진각 휴게소에 도착하여 이른 아침을 먹고 오전 6시 30분 임진강역에 도착하여 현대아산 셔틀버스를 이용 도라산 출입사무소에 도착하여 수속을 마친 시간이 오전 8시였다. 비무장지대에서 군사분계선을 통과하는 데는 15분밖에 걸리지 않는다.

오전 8시 30분, 북측 CIQ(출입사무소)에 도착하여 15분 만에 북측 땅을 밟을 수 있는 수속을 마쳤다. 군사분계선을 넘으려면 비자, 관광증, 카메라 검사 등 2시간 동안 복잡한 수속과 절차를 거쳐야 한다.

외국에 가더라도 이렇게 복잡한 입국절차는 거치지 않는다. 우리의 조국산하 북녘 땅을 가는 데는 정말 복잡하고 까다로우며 힘이 많이 들었다. 아무리 먼 해외여행을 해도 한밤중에 출발해

본 적은 없었다.

복잡한 수속과 절차를 거쳐 정해진 시간에 버스 13대가 일렬로 줄지어 관광을 시작했다. 첫 관광지는 말로만 듣던 박연폭포였다. 상상과 달리 그리 크고 웅장한 폭포는 아니었다. 북측 안내원 말에 의하면 비가 안 와 물이 부족해서 그렇게 웅장하게 보이지 않는다고 했다. 널찍한 바위에 황진이가 머리칼로 썼다는 글자가 새겨져 있었다. 무슨 글자인지 자세히 보이지는 않았지만 그 글자 앞에 쭈그리고 앉아 사진도 한 장 찍고 글자도 몇 자 찍어왔다. 박연폭포 옆 고려 때 쌓은 대흥산성 북문을 통해 15분 정도 오르니 970년 고려 광종 때 법인국사가 창건했다는 북한 보물 33호 관음사라는 사찰이 있었다. 이 절 왼쪽 깜깜한 동굴 속에는 세계에서 하나뿐이라는 유백색 대리석으로 조각한 높이 1.2m정도의 관세음보살 좌상이 중생을 안타까이 바라보는 단아한 모습으로 앉아 있었다.

동굴 옆 오른쪽에 한 번 먹으면 10년씩 젊어진다는 약수가 있었다. 나도 한 모금 먹었으니 북녘땅 관음사에 갔다 온 후광으로 10년쯤 젊어질지 모르겠다.

관음사 올라가는 길 바위마다에는 위대한 김일성 수령 동지 찬양글들이 난무해 경관의 자연스러움이 아쉬웠다.

통일관에서 점심식사를 했다. 노란 육첩반상기 놋그릇에 음식이 차려졌다. 반주로 술 한 잔까지 곁들이니 옛 양반가의 마님이 된 듯 흐뭇했다. 고생하며 개성에 온 보람을 느꼈다.

정해진 시간에 정해진 장소만 일사불란하게 관광을 해야 했다. 거리나 주민들을 곁눈질하거나 사진에 담으면 안 된다는 것이었다. 거리거리마다 뙤약볕 아래서 표정 없는 군인들이 보초를 서고 있었다. 어린이들은 학교가 끝났는지 줄지어 지나가고 있었다. 보초 선 군인이나 아이들에게서 땟물이 흐르는 가난을 읽을 수 있었고, 그들이 건네준 경계의 눈빛은 같은 동포로서 애처로울 따름이었다.

벌겋게 벗겨진 산하, 말라 비틀어져가는 보리농사, 다 허물어져가는 주택 등, 작은 창으로 빼꼼이 보이는 것은 무엇 하나 마음을 풍성하고 편안하게 해주는 것이 없었다.

오후에는 숭양서원, 선죽교, 표충비, 고려박물관 등을 관광하고 개성공업지구도 차 안에서 구경했다. 선죽교! 우리 국민이라면 초등학생 때부터 배운 다리다. 상상했던 것만큼 크지 않았다. 고풍스러운 조그만 돌다리일 뿐이었다. 거기에 깃든 충절의 정신이 국민 모두가 가보고 싶어하는 마음속의 큰 다리로 만든 것이다.

정몽주의 붉은 핏자국이 있다는 돌은 그때의 그 돌인지 알 수 없지만 그렇게 믿고 싶어하는 것이 우리들의 마음이 아니던가.

고려박물관은 고려시대의 성균관 건물과 부지를 이용 1988년 개관하였다고 한다. 수령 500년이 넘는 은행나무와 느티나무가 1,000년의 시간을 뛰어넘어 고려를 품고 있는 살아 있는 박물관처럼 보였다.

야외에서 불일사 5층석탑 개국사 석등도 볼 수 있었다. 마지막으로 공민왕과 노국공주의 석관과 벽화를 보았다. 죽어서도 함께 있는 왕과 공주는 지금도 사랑하고 행복할까.

기념물 판매소에서 학鶴문양이 들어간 아주 작은 주병酒瓶과 촛대청자 두 점을 샀다. 나는 학문양 청자를 좋아한다. 우리나라에서 구입한 것도 다 학문양이 들어간 거다. 남한과 북한의 학들이 때로는 다정하게, 때로는 앞 다투어 날아가는 모습에 매료되어 요사이 천 년을 넘은 고려 속에서 눈부신 아침 햇살을 맞이하며 살고 있다.

개성 공업지구는 차 속에서 스쳐 지나가며 보았다. 그곳에서 우리네 북녘동포들이 일하며 희망을 키우고 있으니 얼마나 다행인가. 남녘은 비싸지 않은 노동력을 얻어 생산성을 높일 수 있으니 남북 모두 다 의미 있고 수익을 올릴 수 있는 상생의 협동이라 할 수 있을 것 같다. 이렇게 남북한이 힘을 합해 잘사는 나라가 되면 얼마나 좋을까를 생각해보는 시간이었다.

쫓기는 시간 속에 역사적인 의의가 큰 왕건왕릉과 공민왕릉, 만월대를 보지 못한 것이 서운함으로 남는다. 그 유명한 송악산은 생각만큼 아름답지도 크지도 않은 산이었다. 다만 전설 속 산으로서 개성인삼을 만들어낸 산이라니 개성의 명물로는 손색이 없을 듯했다.

오후 5시 북측CIQ 출경 수속을 카메라 검사로 번거롭게 치르고 비무장 지대에 갈 때와 같이 15분 걸려 넘어와 남측CIQ 도라산으로 돌아와 남측 입경 수속을 마치고 임진강역 셔틀버스를 타고 휴게소에 도착했다. 가슴 설레고 힘들었던 우리의 북녘땅 개성관광의 하루를 마감했다.

(2008. 5. 20.)

프랑스에서 돌아온 조상의 얼

먼 이국異國 땅에서 얼마나 고국을 그리워하며 눈물을 흘리고 돌아올 날을 기다렸을까?

이 땅에서는 존귀하여 임금님이나 볼 뿐 서민은 가까이 할 수도 없는 오색찬란한 문화재였다. 그런 문화재가 프랑스 지하창고에서 숨죽여 지내다가 다행히 재불 서지학자 박병선 박사가 발굴 공개하여 세상에 알려지게 되었다. 조선왕조 외규장각 도서 296권이 프랑스 국립도서관에 보관되어 있고 한 권은 대영박물관에 있다는 것이 확인된 지 36년, 반환협상이 시작된 지 20년 만에 그리운 고국으로 돌아왔다. 얼마나 귀중한 보물들인가?

1866년 병인양요 때 인천 강화도 서고에 있던 조선왕조 외규장각 도서 340권을 프랑스군이 약탈해 간 지 145년 만인 2011년 4월 14일 오후 1시 49분쯤 그 책들이 인천국제공항에 도착했다. 고국 땅을 밟는 데는 불과 10시간 40분밖에 걸리지 않았다. 이 가까운

거리를 오는 데 100년이 넘는 세월과 갖은 우여곡절을 겪어야 했다. 그나마 들어올 수 있었던 것은 우리나라가 G20정상회의를 개최할 만큼 힘이 세졌기 때문이다.

이제야 프랑스가 정신을 차렸는지 도서가 손상되지 않도록 길이 196㎝ 폭 68㎝ 높이 110㎝의 목재 유물 상자 5개에 완벽히 포장해 유일본 8권을 포함해 1차 반환 분 75권이 고국으로 돌아왔다.

돌아온 도서는 먼 비행 도중 행여 흠집이 생길까 봐 항온, 항습 특수 컨테이너 2개에 나누어 무진동 특수차량에 실려 장정 4명이 조심스럽게 밀 것에 옮겨 실어 오후 4시 5분부터 용산 국립박물관 수장고로 옮기기 시작해서 오후 4시 25분 입고가 끝났다. 박물관 수장고 온도는 섭씨 20℃ 습도 55%를 유지하여 오동나무 장에 보관될 예정이다.

도서의 안정화를 위해 최소한 24시간 이상 열지 않은 상태로 보관하다 7월 이후에나 일반인에게 공개된다고 한다. 1차 반환을 시작으로 남은 도서는 올 5월 27일까지 네 차례에 걸쳐 항공편으로 돌아올 예정이다.

이번에 돌아온 외규장각 도서는 조선왕실 의궤가 대부분이다. 297권 중 절반가량은 왕실 장례에 관한 것으로 왕과 왕비의 국장國葬, 세자와 세자빈의 예장禮葬 준비부터 무덤 조성과 3년 과정을 정리한 의궤 등이고 나머지 절반은 가례嘉禮, 각종 잔치, 세자 책봉, 궁궐이나 성곽 정비 등을 기록하고 있다.

이 중에서도 최고급은 어람용御覽用으로 강화도 태백산, 강원도 오대산 사고에 보관했다. 특히 30권은 결이 곱고 촘촘한 고급한지 초주지草注紙에 최고급 물감을 쓰고 비단장정에 놋쇠 물림으로 철을 했기에 몇백 년이 지나도 빛깔 하나 변하지 않고 그대로 보존되었다. 그 밖의 여러 곳에 나눠 보관하는 의궤는 닥종이 저주지楮注紙를 쓰고 삼베 표지에 보통쇠로 물림했다. 우리 조상들의 꼼꼼하고 야무진 손길을 거친, 세계가 인정하는 무형문화재인 셈이다.

돌아온 의궤 중 특히 『의소 세손 예장도감의궤 하권』(1752)은 조선 21대 영조 아들 사도세자와 세자빈 혜경궁홍씨 사이에 태어난 적장자로 영조에 의해 세손에 책봉됐으나 세 살 때 죽어서 장례한 기록을 남긴 것이다.

『영조 정순 후 가례도감의궤英祖貞純后嘉禮都監儀軌 하권』은 영조 35년 6월에 있었던 정순왕후 김씨의 혼례과정을 기록한 의궤로 말을 끌고 가는 사람 그 위에 앉은 사람들의 모습과 들고 가는 깃발, 물건들이 세심하고 꼼꼼하게 그려져 있고 물감의 색깔도 선명하여 지질, 표기방식, 물감 등을 통하여 역사학, 복식사, 미술사 연구에 귀중한 자료가 된다 한다.

그 밖에 중요한 의궤로는 『정종시호도감의궤定宗諡號都監儀軌』(1861)와 『헌종 대왕 진전 혼전도감의궤 중권』(1849) 등이 돌아왔다. 조선왕실 의궤는 국가나 왕실의 중요 행사를 글과 그림으로 남긴 필사본으로 중국이나 일본에는 없는 우리 고유의 문화유산으로 기록문화의 유일한 자산이다.

우리나라 의료진의 위암 수술 실력은 세계가 인정한다. 우리나라 의사는 '위암의 달인' 이라고 정평이 나 있어 선진국 의사들이 그 손기술을 배우러 찾아온다.

종양 분야 수술의 세계적 권위자인 하버드 의대 교수 '샘윤'은 자기 어머니가 위암에 걸리자 심사숙고 끝에 우리나라 병원에 와서 수술을 했다고 한다.

우리나라 의사들의 탁월한 손기술과 창의성, 신기술 도입을 위한 적극적인 참여 등은 조선왕실 의궤를 만든 우리 선조들의 창조적 손기술 유전자를 물려받은 것이려니 싶다.

나도 지난번 교통사고 때 의사인 아들의 섬세하고 정교한 손기술이 아니었으면 팔이든 다리든 한 쪽을 잘라내어 불구가 되었을 것이다 생각하면 너무 감사하고 아찔하다.

'장하고도 자랑스럽도다! 우리 선조들.' 그 후손들이 무엇인들 못할까?

우리는 찬란한 문화유산을 가진 문화대국으로서 G20정상회의를 개최할 수 있는 경쟁력 있는 나라다. 세계 제12위의 경제대국이니 어디에 내놓아도 부끄럽지 않은 훌륭한 DNA를 가진 국민이다. 다만 아쉬운 점은 정치권의 보수와 진보의 이념 갈등과 서로를 못 믿는 불신 풍토, 노사 간의 불협화음 등이 우리의 선진국 대열 진출을 가로막고 있다는 점이다.

돌아온 외규장각도서 조선왕실 의궤는 글자나 그림만 온 게 아니다. 우리 선조들의 얼(soul)과 혼魂, 손기술 유전자가 돌아온 것이다. 조상들의 훌륭한 솜씨와 정신을 받들어 세계의 으뜸 나라로 거듭났으면 하는 바람이다.

(2011. 5. 3.)

비엔나에는 비엔나커피가 없다

아름답고 호화로운 성슈테탄대성당을 바라보며 비엔나 옛 시가지 광장에 앉아 여유롭게 커피를 마신다는 것이 꿈만 같았다. 꿈 많은 소녀 시절부터 얼마나 와 보고 싶었던 비엔나였던가! 이제 다 늙어 백발이 성성한 할머니가 되어 와 보다니, 허망하게 흘러가 버린 세월이 아쉬웠으나 지금이라도 와 볼 수 있다는 것이 행운이라고 생각되었다.

슈테탄 대성당은 300년에 걸쳐 세워진 고딕 스타일의 136m의 두 첨탑이 있는 빈의 얼굴로 종교예술의 진수를 보여주는 곳이다. 음치지만 음악을 좋아하는 나이기에 음악의 고장인 이곳에서 세계 3대 오페라극장 중 하나인 오페라하우스, 요한 슈트라우스 부자, 베토벤, 브람스, 모차르트, 슈베르트의 묘지들을 직접 본다는 것도 감격이었다. 특히 슈베르트를 좋아해 슈베르트 묘지 앞에서 예쁘게 사진도 한 장 찍었다.

빈소년합창단이 우리나라에 왔을 때 들었던 합창소리가 여기저기서 들리는 듯했다. 찰스부르크에 있는 모차르트 생가는 노란색으로 칠해 놓아 찾기 쉬웠다. 시내에서 가장 번화한 제트라이데 거리에 있었다. 지금은 기념관으로 공개되고 있다. 「피가로의 결혼」을 작곡한 곳이기도 하단다. 작은 도자기 접시에 모차르트 생가와 모차르트 초상화를 넣은 기념품을 하나 샀다.

쉔브론 궁전은 합스부르그 왕가의 여름궁전으로 사용되었다는데 아름답고 웅장한 바로크 양식으로 1,441개의 방과 수많은 분수와 연못이 장관이었다. 미라벨 궁전의 장미 화단은 갖가지 모양으로 꾸며놓아 예술작품 같았다. 페가수스 분수에는 신화의 4요소 공기-지옥의 여왕 강탈, 흙-엠테우스를 질식시키는 헤라클레스, 물-이어니스, 불-파리니를 상징하여 조각해 놓았다. 특히 궁전 뒤 쿠어정원 계단은 「사운드 오브 뮤직」 영화의 「도레미송」 마지막 장면을 찍은 곳이라니 너나없이 사진 한 장씩 찍으려고 순서를 기다리는 곳이었다.

그 밖에 프로리안 동상(소방수들의 수호성인), 유럽에서 가장 오래된 카페 등 볼거리가 수없이 많았다. 또 이곳에는 유료 화장실이 많아 무료 화장실을 찾는 것도 볼거리 중 하나였다. 이 정신없고 바쁜 일정 속에서도 스왈로브 크리스탈 장식품이 유명하다니 딸과 며느리의 목걸이 하나씩을 샀다. 애들이 기뻐할 일을 생각하니 마음이 뿌듯했다.

찰즈부르크 동쪽 찰즈부르크주와 상부 오스트리아 주에 걸쳐 있는 찰즈캄머굿은 지질 시대 빙하로 깎인 골짜기에 그림 같은 호수들이 자연이 만든 예술품으로 아름다운 곳이다. 트라운 호수는 찰즈캄머굿에서 두 번째로 큰 호수로 호수 한가운데 '호수의 성'이 우뚝 솟아 있어 아름답기 그지없다. 크리펜시타인 호수는 찰즈캄머굿에서 가장 높은 전망대가 있다. 우리는 케이블카를 타고 올라가 구름과 함께 눈으로 덮여 있는 알프스의 봉우리들을 감상하면서 사진도 찍고「에델바이스」노래를 합창하면서 트랩 대령과 마리아 일곱 명의 자녀들이 스위스로 가기 위해 올라오는 광경을 상상하면서 행복해했다.

비엔나에는 특별히 '비엔나커피'라는 것이 없다. 아인슈패너 커피라고 하여 카페로 들어가기 어려운 마부들이 한 손에 말고삐를 잡고 다른 한 손으로 설탕과 생크림을 넣은 커피를 마차 위에서 마시게 된 것이 시초였는데 후에 비엔나사람들은 아인슈패너, 멜랑쉬, 에스프레소 등의 커피콩을 오래 볶아 진하고 풍부한 향을 내는 커피를 선호하면서 '비엔나커피'라고 하여 세계적으로 비엔나에 가면 '비엔나커피'를 꼭 마셔보아야 한다는 것이 상식처럼 되어 있다.

아무튼 이런 기초 상식을 아는지 모르는지 동행하게 된 젊고 세련된 젊은이 일행들은 가는 곳마다 커피를 마셔댔다. 지금 아니면 언제 또 와 비엔나커피를 마셔보겠느냐며 커피를 별로 좋아하지 않는 나이건만 분위기에 휩쓸려 자제력을 잃고 나도 마셨다. 내 위胃 상태도 생각지 않고 마셔댄 멜랑쉬 때문에 집에 도착하자 앰뷸런스에 실려가 입원하는 신세가 되었다. 무엇이든 넘치는 것은 모자람만 못하다는 교훈을 잊어버린 탓에 자식들을 걱정시키며 고생깨나 한 여행 후유증이었다.

(2006. 10. 10『대한문학』, 2008 작가회 연간선집 게재)

역사의 아이러니

우리나라 전국체전은 인천 강화도 마니산에서 채화된 성화가 봉송되어 성화대에 불이 타올라야 시작된다. 이 마니산 아래에는 단군신화를 바탕으로 서기 381년 고구려 소수림왕 11년에 아도화상阿道和尙이 창건하여 1600여 년을 이어져 우리 민족과 함께해 온 고찰 전등사傳燈寺가 있다. 고려 충렬왕의 왕비 정화궁주貞和宮主가 불전에 옥등玉燈을 시주한 것이 유래가 되었다 한다. 전등이란 '불법佛法의 등불을 전한다.'는 의미로 불법을 전하는 사찰이란 뜻이다. 격동의 역사 속에서 『조선왕조실록』을 비롯한 서책을 병인양요 때 스님들이 토굴로 옮겨 지켜내 세계문화유산을 만든 곳이기도 하다. 단군의 세 아들이 쌓았다는 전설의 삼남성과 대웅보전 목조삼존불좌상, 약사전, 범종, 사고지史庫址, 고려 때 팔만대장경을 판각板刻하여 봉안했던 장경각이 있었던 선원보각지璿源譜閣址가 남아 있다. 대웅보전은 보물 제178호로 지붕을 떠받치고 있는 네 귀의 처마 모서리에 목각 나부상裸婦像을 얹어 놓아 보는 이로 하여금 웃음을 자아내게 한다. 대웅전 건축을 맡은 도목수都木手는 오랫동안 집에 못 가게 되자 거리주막 주모와 사랑에 빠지게 되었다. 자연히 돈도 맡기게 되었는데 공사가 끝나가는 어느 날 주모는 변심하여 돈을 가지고 도망쳐 버렸다. 이에 도목수는 겨우 공사를 마무리하면서 원한과 그리움으로 도망간 여인이 대웅전에서 들리는 부처님의 말씀을 들으며 잘못을 참회하고 세상을 올바르게 살아가라는 바람으로 모서리에 나부상을 만들어 얹어 놓았다 한다. 사랑과 미움, 그리움과 원망, 인생애증人生愛憎의 표상인 것 같아 마음이 씁쓸했다. 특히 남자들에게는 사랑에 눈이 멀면 패가망신한다는 교훈을 주는 절이기도 하다. 그러나 나부상은 여자 같지 않고 원숭이 같아 더욱 웃음이 나왔다.

강화읍 관청리 441에는 인천시 유형문화재 20호인 용흥궁龍興宮이 있었다. 강화 도령으로 유명한 조선왕조 제25대 임금 철종哲宗이 왕위에 오르기 전 19세까지 살았던 집인데 원래는 평범한 초가집이었으나 왕이 된 뒤 임금이 나온 집이라 하여 기와집으로 새로 짓고 용흥궁이라 하였다. 철종은 정조의 아우 은언군恩彦君 인裀의 손자로 헌종이 후사 없이 승하하자 대왕대비 순원왕후가 안동김씨 세도 정치를 이어가기 위해 일개 농군의 아들로 강화도에서 농사를 짓고 나무하러 다니던 시골 총각을 갑자기 왕으로 정했으니 나랏일을 어떻게 알겠는가? 나름대로 민생을 돌보는 데 애정과 성의를 보이나 짧은 학문과 경륜 때문에 안동김씨 세력을 막지 못해 탐관오리와 삼정(전정, 군정, 환곡)이 문란해져 백성의 생활은 도탄에 빠지고 왕은 술과 궁녀를 가까이 하여 몸이 쇠약해져 재위 14년 33세를 일기로 후사도 없이 요절하고 말았다. 불우한 왕의 집에는 덩그러니 집채만 집을 지키며 가끔 찾는 탐방객을 맞고 있어 인생무상을 실감하게 된다. 모름지기 사람은 자기 분수대로 살아야 행복할 수 있고 천수天壽를 누릴 수 있다는 깨달음을 느끼게 할 뿐이다.

인천시 중구 송학동 1가에는 인천 앞바다와 인천 시내가 한눈에 내려다보이는 응봉산 6만 4,480평방미터로 우리나라 최초의 서구식 공원, 인천자유공원仁川自由公園이 있다. 자유공원 내 차이나타운에는 원조 자장면과 정통 중국요리 식당들이 즐비하게 있고, 온갖 종류의 중국 공산품들이 곳곳에서 발걸음을 멈추게 한다. 한중문화관 옆에는 『삼국지』 소설 속 명장면을 150m벽화로 그려 유비, 관우, 장비를 만날 수 있었다. 성인 '공자상'도 위엄있게 서 있어서 공자 후손으로서 뿌듯했다. 정상에 올라가니 훤칠한 키에 잘생긴 맥아더 장군의 동상이 드높이 서 있었다. 맥아더 장군은 미국 아칸소 리틀록에서 태어나 1903년 미국 육군사관학교를 수석으로 졸업하고 1930년 대장으로 승진하여 1950년 우리나라 6·25전쟁 때 국제연합군 최고사령관으로 인천상륙작전을 지휘하여 북한 공산군에게 다 빼앗겼던 대한민국을 구해준 은인이다. 오늘날 우리가 이렇게 자유와 민주주의를 누리는 그 은혜를 잊으면 안 되리라. 맥아더는 군인이었으나 문학에도 재능이 많았나 보다. 나는 젊은 날부터 그 유명한 맥아더 장군의 '아버지의 기도'를 쪽지에 적어 가방 속에 넣고 다녔다.

내게 이런 자녀를 주소서!

약할 때 자기를 돌아볼 줄 아는 여유와 두려울 때 자신을 잃지 않는 대담성을 가지고 정직한 패배에 부끄러워하지 않고 태연하며 승리에 겸손하고 온유한 자녀를…….

참된 힘은 너그러움에 있다는 것을 명심하도록 하소서. 그리하여 그의 아비인 저는 헛된 인생을 살지 않았노라고 나직이 속삭이게 하소서. 나는 지금도 이런 자식들이 되기를 소망하고 있다.

역사적인 사건과 유적이 널려 있고 지금은 역동적인 인천공항이 있는 이곳에 조선왕조의 마지막 왕의 집과 오늘의 대한민국을 다시 일으켜 세워주었던 맥아더 장군의 동상이 함께 있다는 것이 6·25전쟁 60주년을 맞은 올해 더욱더 역사의 아이러니를 말해주는 것 같았다.

(2010. 6. 25.)

꿈에 그리던 바이칼 호수

한없이 넓고 푸르게 펼쳐진 러시아의 바이칼 호수를 볼 수 있다는 흥분이 나를 들뜨게 하였다. 또 불모지로 알려졌던 시베리아 땅을 밟게 되었다는 것도 꿈 같은 이야기였다.

위성에서 내려다보면 지구의 파란 눈처럼 보인다는 청정호수 바이칼, 또 낯선 이름이지만 이루츠쿠르크는 러시아의 파리라던가. 교육문화의 중심지라니 이루츠쿠르크에 가 보는 것도 러시아의 중요한 일면을 보는 것이리라.

자연이 살아 숨쉬는 곳, 그곳이 시베리아 땅인 것 같다. 드넓게 펼쳐진 자작나무 숲, 넓은 초원지대, 끝없이 이어지는 앙가라 강 유역, 경제가 빈약하여 불편한 시설, 부족한 물자들이지만 자연이 주는 밝음과 신선함으로 그 단점들을 다 메울 수 있었다. 자연림 속 전통 목조가옥에서의 수면은 이제까지의 모든 공해를 씻어내 주는 것 같았다.

바이칼 호수는 그 면적이 남한 땅의 1/3정도라니, 그 넓이가 얼마나 되는지 미루어 짐작할 수 있으리라. 한없이 넓게 펼쳐진 바이칼 호수는 언제나 잔잔하고 청정한 모습이어서 그 호수 속의 돌들까지도 세어 볼 수 있을 정도로 맑다. 그 바이칼 호수에서 손을 한 번 씻으면 10년이 젊어지고, 얼굴을 씻으면 20년이 젊어지며, 온몸을 씻으면 영원히 늙지 않는다는 전설이 전해 내려온다. 그러나 너무 차가워서 사진을 찍을 때 단 5분도 물속에 발을 담글 수 없었지만, 그래도 나는 얼굴을 씻었으니 20년쯤 젊어지려나?

호수를 크루즈할 때는 어느 부자 관광객이 혹시 다이아몬드라도 빠뜨리지 않았나 하여 일행들은 유심히 호수 속을 살펴보았다. 호수와 하늘이 하나로 엉겨 갖가지 모양의 환상적인 양떼구름의 모습을 연출하고 있다. 이 지구상에 이런 곳이 있다는 게 축복이라 생각되었다. 호수를 크루즈하며 만끽했던 낭만은 잊을 수 없다.

환 바이칼철도를 타고 호수를 횡단하며 가도 가도 끝없이 펼쳐진 잔잔한 호수와 호수 주변의 아름다운 야생화, 마을의 모습과 생활상들을 감상하는 것도 즐거운 일이었다. 한민족의 뿌리를 찾는 브리야트 마을에서의 의식은 우리의 샤머니즘을 체험할 수 있어 더 좋았다. 나이가 많다는 이유로 내가 여왕으로 뽑혀 직접 의식에 참가할 수 있었던 것은 이번 여행의 백미요 또 영원히 잊을 수 없는 추억거리였다.

옛날 러시아식 전통사우나도 색다른 체험이었다. 은은한 자작나무 향이 밴 흰 광목천을 두르고 강으로 내려갈 땐 내가 마치 선녀가 된 기분이었다. 사우나를 하고 나니 온몸의 피로가 싹 가시며 몸과 마음이 상쾌하였다.

민속놀이도 특이하고 재미가 있었다. 미남 총각인 러시아 운전 기사를 신랑으로 맞아 결혼식 장면을 연출해 보는 것도 즐거웠고, 넓은 자연림 속에서 캠프파이어를 한 것도 잊히지 않을 추억이 되었다. 여행은 아름다운 추억 만들기다. 이번 시베리아 여행은 환상적인 추억 쌓기였다.

(2003. 8. 3.)

역사는 말해준다

은고는 빼어난 미모와 총명, 기품과 매력을 갖춘 여인이다. 아직 의자왕의 둘째 왕비가 되기 전 정치와 권력의 힘을 몰랐을 때는 순수한 감정으로 살얼음판 같은 사택왕후의 감시를 벗어나 살아남기 위해 아부와 바보 노릇을 하며 마음속 비수匕首를 갈았던 의자왕자를 도왔고, 이런 의자왕자를 도왔던 아버지를 여읜 어린 계백을 연민의 정으로 바라보았다.

백제 31대 마지막 임금인 의자왕은 아명이 서동薯童이었던 무왕과 신라 선화공주 사이에서 태어났다. 어려서 어머니를 잃고 많은 고통과 견제를 받으며 살면서도 효성과 우애가 좋아 해동증자海東曾子라 불렸다. 그러나 즉위 초에는 좌평 성충成忠과 홍수, 계백과 은고의 지혜로운 정책과 충성심을 받아들여 국위를 높이고 국정을 잘 이끌어 나갔다. 그러나 말년에는 자만심으로 사치와 방종에 빠진 데다 이들을 믿지 못해 멀리할 뿐 아니라 신의를 저버리고 계백의 연인이었던 '은고'마저 빼앗아 둘째 왕비로 맞이했다. 비극은 이때부터 시작되었다.

은고는 옛날의 지혜로움과 총명함을 잃고 아들 태泰를 태자로 만들고 의자왕의 왕후가 되어 천하의 권력을 누리고자 했다. 당唐의 고명을 받기 위해 신라 태종무열왕 김춘추에게 무예 솜씨가 출중한 계백 장군의 신라 당항성棠項城 등 7개의 성을 공격하려는 계획을 알려 백제를 멸망의 길로 이끈다.

권력이란 남을 정복하고 동화하여 스스로 강해지려는 의지로 '존재의 가장 심오한 본질이며 삶의 근본 충동'이라고 『자라투스트라는 이렇게 말했다』에서 니체는 말했다. 은고가 계백의 연인으로 남아 권력의 맛을 알지 못했던들 백제는 좀 더 오래 유지되었을 것이다. 은고는 스스로 강해지기 위해 나라를 팔고 자기도 멸망의 길로 들어섰던 것이다.

사치와 방종은 이성理性을 잃게하여 올바른 판단을 할 수 없게 만든다. 충신을 믿지 못하여 성충의 간諫을 듣지 않고 오히려 그를 옥에 가두고, 660년 나당羅唐연합군이 협공해 올 때에도 귀양 간 흥수가 육로로는 탄현을 넘지 못하게 하고 수군은 기벌포伎伐浦를 들어오지 못하게 해야 한다는 성충의 말을 따르라고 간청했으나 듣지 않고 그동안 의심만 하고 죄책감으로 멀리 내치기만 했던 백성만 생각하는 무술武術의 신 계백階伯 장군에게 결사대 5,000명을 거느리고 황산으로 나가 신라 김유신과 싸우게 했다. 계백 장군은 네 번 싸워 네 번 이겼으나 결국 군사는 적고 힘이 다해 장렬한 최후를 맞았다. 계백 장군은 이 전투에 나가면 살아 돌아오지 못할 것을 예감하고 계백 장군은 아내 초영과 자녀들을 자기 손으로 죽이고 출정했다. 계백 장군 부부에게서 부부일심동체夫婦一心同體란 말이 어울릴 것 같다.

당나라 군사는 백강白江을 건너오고 사비성은 포위되어 의자왕은 웅진성으로 도망갔다가 항복하고 만다. 결국 백제는 망하고 의자왕은 당나라 소정방에게 끌려 당나라로 압송된다. 사람의 일생 중 불행을 가져오는 것 중 가장 큰 것은 불신不信과 소통의 부재이다.

충신의 말을 믿지 못하고 군신 간의 의사소통의 부재, 사랑하는 사람과의 사이에서도 속마음을 알 수 없는 인간의 한계 등 계백 드라마는 역사 속에 현실이 있음을 말해준다.

의자는 자기를 위해 부모와 가족과 자신을 버린 의형제이자 충신인 계백을 믿지 못하고, 백성들이 자기보다 그를 더 칭송하고 따를까 봐 경계하였다. 시기심과 질투심까지 가진 의자왕은 계백의 사랑하는 연인, 은고까지 빼앗은 대가로 나라가 망하여 적국敵國으로 끌려가 병을 앓다 남의 나라에서 죽은 불운한 왕이 되었다.

역사는 가정假定하지 않고 교훈을 남긴다. 밖에서 쳐들어오는 것만 적이 아니다. 진짜 큰 적은 자기 안에 있는 오만이다. 은고는 아름답고 총명했지만 권력 때문에 사랑했던 연인과 나라를 배신하고 멸망의 길로 이끈 추한 여인으로 변했다. 은고는 아무도 애달파하는 이 없이 홀로 외롭고 초라한 모습으로 백마강에 뛰어들어 생을 마감한다.

그러나 성충과 흥수는 충신으로 계백은 명장名將으로 후손들의 칭송을 받으며 역사에 그 이름을 남기고 있다. 자기가 뿌린 대로 거두게 해주는 것이 하늘의 이치다. 어떻게 살다 간 인생인지는 나중에 역사가 말해준다. (2012. 1. 25.)

희망가希望歌 부르기

이제 우리 곁에는 숭례문崇禮門이 없다. 2008년 2월 11일 새벽, 우리 겨레와 더불어 610년의 파란만장한 역사를 울고 웃으며 견뎌냈던 국보 1호인 숭례문이 불과 다섯 시간 만에 불에 타 무너져 버렸다. 그 광경을 지켜본 우리의 국민은 허탈감으로 가슴앓이를 했다. 국장國葬을 당한 듯 멀리 지방에서도 상경上京하여 줄지어 불에 타 없어져버린 숭례문을 참배했다.

숭례문 즉 남대문은 서울시 남대문로 4가에 있다. 조선 태조 5년 1396년 10월 6일에 상량하여 1398년 2월 8일에 세워졌다. 그 뒤 1448년 세종 30년 3월 17일에 보수 상량하여 서울의 목조건물 중에서 가장 오래된 건축물이다. 하층은 화강암, 중앙에 홍예문虹霓門 누각은 5칸 2면으로 1962년 개축하였다. 양녕대군이 쓴 것으로 추정되는 현판은 세로로 쓰여져 있다. 숭崇자는 불꽃이 위로 타오르는 모양이고, 례禮는 방위로는 남쪽이며, 오행으론 화火를

뜻한다. 경복궁을 마주보는 관악산의 화산火山에 대對하는 것이라 한다. 남대문놀이라는 재미있는 어린이 놀이가 있어 어린이들이 즐겨했다는 문헌이 여기저기 소개돼 있기도 하다.

대학 다닐 때 방학이 끝나고 새벽 완행열차를 타고 저녁 무렵 서울역에 내리면 제일 먼저 남대문이 눈앞에 버티고 서 있었다. 시골뜨기 가난한 여대생의 각박하고 황량했던 서울 생활에 위안이 되었던 것은 고향 전주 풍남문의 어머니 같았던 남대문과 남대문시장이었다. 그곳에 가면 전주남문시장에 있던 물건들을 팔고 있어서 낯설지 않았다. 걸어서 천천히 올라가는 남산도 휴식처였다. 시험이 끝난 뒤 남대문 시장을 한 바퀴 돌고 남산에 올라가 서울 시내를 내려다보며 언제 나는 저기에 내 자리를 만들 수 있을까 생각해 보다 내려오면 남대문은 항상 그 자리에 의연히 서서 나를 위로해 주는 것 같았다.

남대문은 나에게 성실하고 열심히 살아가노라면 언젠가는 남대문 성안에 네 자리가 생길 것이라고 들려주는 것 같았다. 그러면 나는 다시 활기를 되찾아 한강을 건너 내 자취방으로 돌아가곤 했던 기억이 새롭다. 남산 야외 음악당에서 오페라 『포기와 베스』*를 보았던 것은 영원한 내 젊음의 낭만으로 추억된다. 숭례문은 정말 국보1호답다. 어느 누구에게도 반가운 얼굴이었고 버팀목이었으며 위로처였다. 카키색 방한모의 지게꾼들은 그 남대문에 기대고 서서 일거리를 기다렸다. 입에 풀칠하기를 걱정하

* 미국 작곡가 거시윈의 오페라 3막 9장. 헤이워드 부부의 희곡 『포기』를 기본으로 거시윈이 대본에 의해 작곡. 무대는 사우스 캐롤나이나주 찰즈턴. 1935년 9월 보스턴에서 초연 흑인영가와 민요가 많이 들어 있는 미국적인 오페라 제 1막 「서머타임」이 유명.

던 가난한 사람들의 어깨가 되어 주던 남대문이었다.

숭례문이 자기 몸을 다 태워 버린 것은 이 땅에 예禮가 땅에 떨어지고, 사람 간에 정情이 메말라가는 비정한 세태와, 국민 간의 불화를 더 이상 지켜보고 싶지 않아서였는지도 모른다. 이제 국민 모두가 한마음이 되어 숭례문을 다시 일으켰으면 한다.

숭례문의 잡상雜像*은 67개였다. 잡상 한 세트가 2층 지붕에 8개, 1층에 9개가 동서남북에 각각 위치하기 때문에 68개지만, 이 중 1개는 화재 전에 없어졌다 한다. 잘게 부서진 조각들을 분류하고 손으로 접착 부위에 약품을 발라 경화처리를 해 굳으면 접착제를 붙이고 질감과 색감 등을 비슷하게 살려 제작하는데 한 개당 하루가 걸린단다. 이 작업을 한국전통문화학교에서 보존과학을 전공하는 우리의 젊은 엘리트 학생들이 재고 나누고 붙이고 퍼즐 맞추듯 세밀하고 정교하게 작업을 하고 있단다.

이 땅의 흙과 나무와 돌로 숭례문의 피와 살과 뼈를 만들기 위해 삼척시 황장산 자락 준경묘 태조 이성계 5대조 양무 장군의 묘역에서 잘생긴 소나무 110세짜리 적송이 2008년 12월 10일 베어졌다. 전국에서 바람이 세고 눈 많은 곳에서 자란 줄기가 곧고 마디가 길고 나이테가 좁고 속이 붉은 단단하고 잘생긴 소나무를 모으고, 사람도 중요무형문화재 등 우리나라 최고 기술자들을 불러 전통기법과 도구를 사용해 2010년부터 본격적으로 복원공사를 시작한다 하니 기쁘고 마음 든든하다.

2008년은 세계가 희망을 잃어버리고 어둠 속을 헤매는 경제적

* 지붕 위의 동물 석조.

위기가 닥쳐왔다. 사람들은 암울해하고 체념했었다. 겨울도 혹독하게 추웠다. 그러나 날이 밝아 2009년 새해가 되니 서서히 따뜻한 기운이 올라오는 것 같다. 눈 속에서도 파란 싹은 돋아나고, 하늘은 푸르러 맑고 투명해지는 것 같다. 불태워 잃어버린 숭례문도 다시 '나라의 문'으로 더욱 굳건하고 단단하게 세워지고, 경제도 위기에서 벗어나 풍족한 생활로 여유를 다시 찾는 기축己丑년이 되길 바란다. 새해 설날부터 우리 모두 희망가를 부르면 좋겠다.

(2009. 새해 벽두에 『대한문학』 봄호 게재)

6부

우리는 무엇으로 사는가!

희지에게

부드러운 햇살은 앞마당의 동백꽃잎을 곧 터지게 하려 하고 바람이 볼을 간지럽히는구나. 벌써 봄이 방문 앞까지 온 모양이다.

희지야! 축하한다. 중학생이 된 것을.

교복을 단정하게 차려입은 어여쁜 내 외손녀의 모습을 보고 싶구나. 이 외할머니는 네가 세상 구경을 시작한 날부터 보아 왔다. 네 살부턴가 너는 네 아빠 차를 타고 온가족이 나들이 갈 때면 한국의 위인 동요를 하나도 틀리지 않고 잘 불렀었지. 「독도는 우리땅」이란 노래도 잘 불렀지 얼마나 기특하고 귀여웠는지 모른다. 어려서부터 총명하게 자라더니만 커갈수록 더욱더 많은 것을 잘도 해냈지.

세계 위인전, 우리나라 위인전, 역사, 중국 역사, 과학 등 책도 많이 읽고 수영도 발레도 잘했지. 이제는 영어도 잘해서 국제화 시대에 뒤지지 않는 아가씨가 되니 이 외할머니는 네가 얼마나 대견하고 예쁜지 모른다.

할머니가 친구들 모임에 가면 네 자랑을 많이 한단다. 어떤 때는 돈까지 내놓고 자랑을 하기도 하지. 할머니 친구들도 다 자기 손녀들 자랑을 하니까 손녀 자랑할 사람은 돈을 내놓기로 했단다. 외할머니나 할머니 친구들이 웃기지?

또 네 아빠는 어떻고? 행여 누가 너를 빼앗아 가기라도 하는지 어디를 가든 꼭 너를 껴안고 다녔단다. 그런데 저번 외할머니가 퇴원하고 식구들이 모여 식사하는 자리에서 너는 네 아빠한테 배신감을 느낀다고 했었지? 태웅이는 너보다 훨씬 어린 동생이니까 너보다 조금 더 예뻐했던 모양이지? 그런데 이 외할머니가 보기엔 네 아빠는 여전히 너를 더 좋아하는 것 같더라.

네 증조할머니는 네 돌잔치 때 어땠는지 아니? 일가친척 모두에게 우리 애기 희지의 선물로 무엇을 가지고 왔느냐고 야단법석을 떠시고 만약 선물이 마음에 들지 않으면 얼마나 호통을 치셨는지 모른단다. 그때 너희 집 가족들은 네 증조할머니가 무서워 벌벌 떨었지. 외할머니는 제일 좋은 비단 같은 면이불과 요를, 근검절약하기로 소문난 외할아버지께서는 네 금팔찌까지 해주셨지 않니? 그 이불과 요는 네 엄마 마음에 꼭 들었는지 지금까지 너희 집에 잘 보관하고 있더라. 이모할머니들도 다 금반지 하나씩 해가지고 갔단다.

너는 태어날 때부터 많은 사랑과 축복을 받고 이 세상에 왔어. 이제는 네가 가족과 가까운 이웃들에게 사랑을 베풀며 살도록 하렴. 그러기 위해선 네가 큰 꿈을 목표로 세우고 그 꿈을 실현하려고 꾸준히 달려가기 바란다.

희지야, 중학교는 아주 중요한 시기란다.

꿈을 이루는 데 기초를 쌓아야 하니까. 무엇이고 열심히 해야 돼. 이제까지도 그랬지만 책도 많이 읽어야 하고, 예쁜 몸매와 튼튼한 체력을 갖게 운동도 열심히 해야겠지. 우리 희지는 잘해낼 거야. 목표를 정하면 흔들리지 말고 계속적으로 실천을 해나가야 해. 외할머니는 중학교 때 글쓰는 작가가 되고 싶었어. 그런데 고등학교 때 약국을 경영해 돈도 많이 벌고 아픈 사람들의 몸과 마음도 낫게 해주고 싶었단다. 외할머니의 고등학교 시절에는 여약사가 인기 좋은 직업이었거든. 목표를 바꿨기에 내 생각에 그리 성공한 인생은 못 된 것 같구나. 중학교 때의 목표가 흔들리지 않았다면 지금쯤 멋진 베스트셀러 작가가 되었을지 누가 아니?

꿈을 가지면 높이높이 날아야 돼. 그래야 높은 산봉우리도 구름도 무지개도 잡을 수 있을 거야. 높은 산봉우리에 오르면 세상을 다 내려다볼 수 있어. 상처 때문에 아프게 살아가는 사람, 깊은 늪에 빠져 허우적거리는 사람, 힘겹게 살아가는 많은 사람들을 다 볼 수 있어. 구름을 잡으면 자유로히 떠다닐 수도 있지 않겠니? 네가 가보고 싶은 곳 어디든 말야. 무지개를 잡으면 네 꿈이 오색영롱하게 빛날 거야. 그 빛나는 네 꿈을 펼쳐 어려운 이웃들에게 나눠 주고 함께 세상을 아름답게 가꾸어 나가야 돼.

그러면 너는 모두가 부러워하는 성공하는 사람이 될 거야. 우리 희지는 잘해낼 수 있다고 꼭 믿는다. 언제까지 너를 지켜볼 수 있을지는 몰라도 네가 준비된 꿈을 타고 높이높이 올라갈 때까지라도 보고 싶어.

참 저번 식사 때 외삼촌이 어렸을 적 네 배꼽을 보았다고 놀려댔었지? 그게 다 네가 비싼 선물을 해달랄까 봐 미리 방패막이를 하는 거야. 그러니 속지 마라. 외삼촌은 절대로 네 배꼽을 보지 않았어. 창피해하고 부끄러워하며 빨개지는 네 얼굴이 예뻐서 더 그렇게 놀렸을 거야.

부디 후회없는 알차고 보람되고 아름다운 중학 시절이 되길 외할머니는 기도할게. 연분홍 진달래꽃이 피는 어느 일요일 우리 한번 청계산에 가서 파이팅을 외쳐보자꾸나. 그럼 안녕. 사랑스런 내 외손녀 희지야!

전주에서 외할머니가 쓴다.

(2008년 2월 마지막 날에 『참 좋은사람』 2008. 6월호 게재)

믿을 수 있는 사위 윤 서방에게

판단력 빠르고 추진력 강한 윤 서방에게 장모인 나는 무엇이든 자네가 하는 일에는 '믿음'이라는 말밖에 할 말이 없다네.

작게 시작했던 회사를 지금의 반열에 올려놓은 자네의 저력은 그저 경탄스럴 뿐이야.

우리는 맨 처음 코아호텔 커피숍에서 만났지. 자네는 탁자 위에 열심히 하트 모양을 그리며 자네 가슴속에는 수현이에 대한 하트로 가득 차 있으니 믿고 맡겨 달라고 부탁 아니 애원했지. 나는 단순한 철부지 엄마라 이것저것 생각해 보지 않고 자네가 키가 크지 않은 것이 무조건 마음에 들지 않아 아무 말 없이 집으로 왔지. 내가 작아서인지 나는 키 큰 남자를 좋아했어. 이런 나를 하느님은 아셨는지 자네 장인도 처남 정환이도 키가 크잖아. 그런데 세상을 살다 보니 키 작은 자네가 하는 일이 키 큰 처남보다 더 내 마음에 드니 어쩌겠나.

자네는 매사에 신중하고 꼼꼼하게 체크하면서도 빠른 판단력으로 밀어부치는 힘도 강해 회사를 그렇게 잘 운영하고 있고 또 가정에서는 부모님에게는 효도하고 형제간에 우애하고 아내와 자식들은 사랑하고 보살피고 있으니 이 시대 우리 사회에서 보기 드문 모범 가장家長이지. 자네의 능력은 무한대로 놀라워.

그동안 수현이 데리고 사느라 수고 많았고 고마워.

수현이는 나를 닮아 철이 없고 나약하지. 내가 너무 과잉보호만 해서 조그만 일에도 곧 지치지. 그런데 자네가 강하게 버텨내는 힘도 길러준 것 같아. 여자는 다 결혼하면 남편과 자식을 위해 강해지기 마련이지만 그동안 수현이가 자네 대가족을 이끌고 이겨낸 힘은 칭찬받아 마땅하다고 생각해. 이런 힘은 다 사랑으로 감싸주는 자네 덕분이지.

이번에 박사 학위를 받게 된 것도 다 자네의 채찍질과 부족함 없이 도와준 외조의 덕이지. 자네 부부는 이제 우리 집안의 두 번째 박사 부부 커플이야. 앞으로 제3, 4의 박사 부부가 탄생할 수 있도록 도와주고 힘을 길러 주리라 믿어.

내가 자리를 비울 때 자식들 중 제일 연장자인 자네가 집안을 잘 이끌어 화목하게 지내길 부탁할게. 그리고 더 중요한 것은 바람 부는 들판에나 눈 내리는 언덕에 서 있을 때에라도 수현이 손을 꼭 잡고 따뜻하게 감싸주기를 거듭 부탁하겠네. 자네같이 실력 있고 야무지고 빈틈없는 사람을 우리 수현이 신랑감으로 보내주신 하느님께 깊이 감사드리네. 중소기업으로는 유일하게 국토해양부가 인정한 견실한 실험실까지 갖춘 회사는 더욱 번창하여 곧 대기업 반열에 오르게 되리라 믿어.

기도할게.

2012. 1. 5.

전주에서 장모가

장하다! 우리 딸 수현이

수현아! 멀고도 험한 그 길을 혼자 오느라 얼마나 고독하고 힘들었니.

그 길은 순례자의 길과도 같이 험한 산과 깊은 골짜기를 건너 때론 돌만 깔려 있는 돌밭을 걸어야 하는 길이라는 걸 어머니는 잘 알면서도 아무런 도움도 주지 못하고 그저 밀어붙이기만 했지. 인생에는 정답이 없다지만 그 길을 걷고 있으면 네가 갈구하는 곳의 궁극에 도달할 수 있고 걷고 나면 새로운 삶을 향한 또 다른 길이 있을 거라는 믿음 때문이었어.

네가 태어나던 날은 눈이 많이도 쌓였었지. 새벽에 큰이모와 노송동 고갯길을 미끄럼을 타고 내려와 병원으로 갔었단다. 엄마는 얼마나 무서웠는지 몰라. 긴 시간 진통 끝에 저녁 무렵 네가 태어났어. 복숭아같이 동그랗고 옥색같이 맑은 얼굴이었어.

새벽에 서울에서 오신 아빠가 조각 작품 같은 예쁜 우리 딸이 태어났다고 그렇게 좋아하셨어.

태어난 그 순간 엄마는 너를 E여대 영문과에 보내어 교수 아니

총장을 만들겠다고 마음먹었어. 너는 총명하게 자라 초등학교 일학년 때부터 고등학교 졸업 때까지 남학생들을 다 제치고 늘 일등을 놓치지 않았었지.

지난봄 목발을 짚은 40대 남자가 엄마 집에 찾아왔어. 초등학교 때 네 동기동창인데 이번에 대대적인 동창회를 하려는데 우리들 등에 타고 말타기 놀이를 좋아했던 수현이를 다 보고 싶어해서 특별히 대표로 어머니를 뵙고 수현이를 나오게 해 달라고 부탁하러 왔다는 거야. 어머니는 그 남학생의 순수한 말투가 얼마나 우스웠는지 몰라. 네 초등학교 때 모습을 보는 것 같아 즐거웠어. 특히 그 남학생이 너를 많이 좋아한 모양이지…….

대학에 진학해서는 서울과 지방 간의 차이는 엄청나서 어머니 힘으로는 부족해 그때부터 네 고생이 시작되어 엄마의 마음 아픔은 가슴속에 재어졌어. 그래도 나는 모르는 척 네가 공부를 계속하기를 바랐지. 아직 어리고 결혼도 싫어하는 너를 또 무슨 속셈으로 대학 졸업하자마자 서둘렀는지 하여튼 엄마는 무지하고 세상물정 모르는 대책없는 여자야. 겨우겨우 네가 버티어 대학원 졸업하고 엄마 성화에 못 이겨 윤 서방하고 결혼했지.

누구나 다 그렇듯 결혼하면 '나' 라는 존재는 없어. 가정의 평화와 안녕을 유지하기 위해 살아야 하니까. 어머니가 경험해 익히 아는 사실을 모르는 양 계속 공부하지 않는다고 또 얼마나 닦달을 하고 미워했는지……. 한때는 어머니도 너 낳고 공부 더해 강단에 서고 싶어했어. 그러나 세상살이가 그렇게 쉽지가 않아 포기해 버렸지.

남자도 그렇지만 여자는 더욱더 아이를 기르고 경제적 책임도 일부 져야 하는 경우에는 아무리 강단 센 여성이라도 감당할 수가 없어. 더구나 너는 대가족大家族을 이끌고 경제적 책임도 일부 지면서 아이를 키우고 얼마나 힘들었는지 도와주지 못한 엄마가 미안할 뿐이다. 이제는 네 가정이 궤도에 올라 능력 있는 윤 서방이 모든 것을 책임지고 너를 밀어주니 네 뜻을 펼치길 바란다. 엄마가 젊은 날 꾸었던 꿈을 네가 대신 이루어줘서 이제는 여한이 없다. 그러나 이게 끝이 아니고 시작이야. 이제 겨우 국내에서 이루었으니 더 넓은 세상으로 나가야지. 학문에는 끝이 없다는 걸 더 잘 아는 너이기에 여기서 안주하지 않으리라 믿어.

장하다! 우리 딸 수현이.

희지와 태웅이를 잘 키워놓고 늦은 나이에 이렇게 해내다니! 우리나라 인문학의 산실인 그 깐깐한 정신문화연구원에서 해냈다는 것이 더욱 대견하고 값지다.

이제 더욱더 깊이 연구하고 실력을 쌓아 세계의 석학碩學 반열에 오르기를 엄마는 눈감을 때까지 기도하겠다.

문학 박사 학위를 받은 우리 딸 파이팅이다.

전주에서 엄마가

(2012. 1. 20.)

지혜로운 며느리 희정이에게

나는 지금 기도하는 마음으로 너에게 이 편지를 쓴다.

한 가정의 흥망과 성패는 여자 손에 달려 있다고 생각한다.

우리 집안의 명운과 정환이 인생의 성공 여부는 다 네 하기에 달려 있기에 말이다.

너에게 너무 심한 압박감이라고 생각할까 시어머니의 근성이라고 생각할까 조심스럽다.

옛날이나 지금이나 동서양을 막론하고 성공한 남편, 아들 뒤에는 현명한 아내와 자애로운 어머니가 있었다.

나는 부덕하고 모든 면으로 소양이 부족해 아버님을 제대로 보필하지 못해 (소위 세상에서 말하는 출세를 하시지 못해) 세속적인 잣대의 성공을 하시지 못한 것 같아 계실 때는 그저 그날그날 사는 일에 바빠 반성하지 못했지만 요즘 들어 후회와 자탄이 밀려온다.

그래서 너에게 간곡히 부탁하는 바이다.

너의 매사에 꼼꼼하면서도 긍정적인 사고로 우리 가족을 편안하게 해주어 고맙다. 지혜롭고 센스 있어 어떤 어려운 일이 닥쳐도 잘 판단하여 좋은 쪽으로 대처해 나가는 능력 있는 너를 나는 믿고 의지한다.

성실과 정직은 우리 집안 가풍이다.

너의 성실성을 누가 따라가겠느냐.

후일 너의 성실성과 검약성이 우리 집안을 든든한 반석 위에 올려놓으리라 믿는다. 정환이와 네 자식들이 편안히 안주할 수 있는 튼튼한 집을 지으리라고. 물론 그 속에서 너의 편안한 미래와 행복도 보장받을 수 있지 않겠니.

인생의 긴 항로를 건너가는 것은 결코 쉽지 않다. 겉보기는 평온한 것 같지만 몇십 번의 높은 파도를 넘고서야 겨우 평온한 언덕에 안착할 수 있다. 그때마다 곧 파선될 것만 같은 고통에 맞서서 견디고 싸워 이겨내야 한다. 남편과의 갈등, 자식과의 소통 단절, 경제적 어려움 등 날마다 이어지는 시련으로 아픔과 좌절의 연속이다. 우리같이 사회생활을 하는 경우에는 주위 사람들과 조화도 넘어야 할 산이다. 이 시어머니도 많은 갈등과 고통을 겪고 이 자리까지 살아왔다. 아무도 알지 못한다. 오직 자신만이 알고 감내해내야 한다. 그래, 우리는 카뮈의 말대로 들어올리면 또 굴러내려오는 무거운 시지프스의 돌을 끊임없이 들어올려야만 하는 고통의 운명을 타고난 인간들이기에 말이다. 나나 너만이 겪는 고통은 아니라고 생각한다. 다만 반복되는 이 무거운 고통의 아픔을 끝까지 이겨내는 자에게만이 승리의 여신은 손을 들어올려 줄 것이다. 그때까지 참고 견뎌내면서 항상 정환이 곁에서 손잡아주고 붙들어주어 힘이 되어주기 부탁한다.

옛말에 '시어머니 생긴 조왕에서 며느리 생긴다.'는 말이 있다. 어쩌면 네 생각, 행동들은 내 마음에 꼭 드는지 너를 우리 가족으로 보내주신 하느님께 감사드린다.

전주에서 며느리를 사랑하는 시어머니가

(2012. 1. 3.)

우리는 무엇으로 사는가

'대길'이는 오늘도 언년이의 초상화를 가슴에 품고 산을 넘고 물을 건너 마을 곳곳을 뒤지고 다닌다. 언년이는 그에게 누구인가? 집안과 자신을 패가망신敗家亡身시키고 그를 그렇게 추하고 악하게 만든 자기 집의 노비가 아니던가. 사랑에 눈이 멀면 신분이 비천하고 밉거나 고와도 상관이 없다.

'대길'이의 사랑은 지극하다. 자신의 모든 것을 다 버리고 오직 언년이에 대한 사랑만으로 죽음의 공포도 잊고 자기 몸을 던져 마지막 희생을 바치고자 한다. 참 허무하고 불행하다.

사랑은 영원하지 않다. 언년이도 '대길'이를 잊지 못하지만 '송태하'를 만나서 그의 아내가 된다. '대길'이를 만나지 못해 그렇게 되었다지만 만났던들 또 어떤 이유로 이루어질 수 없었을지도 모른다.

나는 요즘 KBS 드라마 「추노」를 보면서 사랑과 주인에 대한 충성심과 남자들의 권력에 대한 야망, 추노꾼들의 의리와 험난하고 섬뜩한 칼부림 등 여러 가지를 생각하며 보고 있다.

강원도 춘천의 오봉산 청평사 계곡에는 공주의 몸을 감고 있는 뱀 청동상이 서 있다. 계곡을 따라 올라가면 아득한 산봉우리들을 마주한 능선에 강원도 기념물 55호인 삼층석탑이 서 있다. 이 탑에는 당나라 평양공주와 상사뱀에 얽힌 슬픈 전설이 있다. 사랑에는 인간과 동물의 구분도 없는 모양이다. 살아 있는 것은 다 사랑할 수 있는 대상인가 보다.

구두를 만드는 가게 직공 '미하일'은 이 세상에 있는 동안 딱 세 번 웃었다. 첫 번째는 가게 주인 세몬의 아내 마뜨료나가 그를 위해 저녁식사 준비를 하던 첫 만남의 순간이었고, 두 번째는 키가 크고 거대한 몸집의 모피 외투를 입은 점잖은 신사가 좋은 가죽을 가지고 와서 일 년을 신어도 찢어지지 않고 모양이 찌그러지지 않는 구두를 만들어 달라고 했을 때 그 신사를 유심히 살펴본 뒤 갑자기 싱긋 웃었다. 그리고 '미하일'은 슬리퍼를 만들기 시작했다. 주인 세몬은 나를 감옥에 보내려고 작정했느냐며 화를 내는데 신사와 같이 왔던 하인이 급히 달려와 주인인 신사가 집으로 돌아가던 중 마차에서 죽었다고 했다. 그래서 주인 마님이 죽은 사람에게 신길 슬리퍼를 만들어 오라고 이 하인을 급히 보냈다는 것이다. 세 번째는 정숙한 차림을 한 여인이 두 쌍둥이 여자아이들의 구두를 맞추러 왔을 때 두 손을 무릎에 놓고 하늘을 쳐다보면서 빙그레 웃었다. 그리고 '미하일'은 주인 세몬 부부에게 공손히 인사를 하며 이제 떠날 시간이 되었다고 했다. '미하일'은 원래 천사였는데 하느님의 명령을 거역했기 때문에 벌을 받아 땅으로 내려와 비참하게 살았던 것이다.

'미하일'은 첫 번째 웃을 때 사랑이 있다는 것을 깨달았고, 두 번째 웃음에는 인간에게 허락되지 않은 것은 무엇인가? 바로 인간은 자기에게 곧 닥쳐올 일이 무엇인지 몰라 진정 자기에게 필요한 것이 무엇인지를 모른다는 이야기다. 세 번째 웃음에는 쌍둥이들이 자기 어머니가 없어도 착한 천사 같은 여인을 만나 잘 자란 것을 보았을 때 '사람은 무엇으로 사는가'를 느꼈기 때문이라고 했다. 이 긴 이야기는 1992년 4월 우리나라에서는 초판이 출간된 톨스토이의 『사람은 무엇으로 사는가』라는 책 중 한 편의 이야기다. 색이 누렇게 변하고 작은 인쇄체 글씨인 이 책을 나는 옆에 두고 마음이 우울하고 심란心亂할 때 한 편씩 읽어보면 위로가 되고 마음이 따뜻해진다.

오늘밤 며느리 희정이한테서 전화가 왔다. 어머니의 건강검진 결과가 어떻게 나왔느냐며 불안한 목소리로 물었다. 나는 수술해야 된다며 태연하게 말했다. 저번 서울에서 건강검진 때 어떤 장기臟器에 이상 징후가 있으니 정밀검사를 해보라는 것이었다. 대학병원에 가서 심층혈액검사와 CT촬영을 했는데 오늘 검사결과를 보러 오라고 했다. 검사하기 전 의사는 수술을 해야 될지도 모른다고 했다. 아이들은 걱정이 되어 안절부절못했고 오늘을 기다리느라 애를 쓴 모양이다.

검사결과 아무 이상이 없다는 것이었다. 그런데 희정이 전화가 왔을 때 나는 양치기 소년의 장난기와 시어머니의 고약한 심성이 발동하여 그렇게 거짓말을 한 것이다. 희정이는 말을 잇지 못하고 외국 학회에 나간 제 남편에게 지금 알려야 할까 오면 알려야 할까 고민을 많이 하는 것 같았다. 전화를 끊고 생각하니 아무래도 내가 심한 것 같고, 아들이 학회도 끝내지 않고 달려올 것만 같아 불안했다. 한참이 지나서 희정이에게 전화를 했다.

"희정아, 사실은 아무 이상 없대! 괜히 내가 너한테 심통스럽게 거짓말을 했어. 미안해."하고 실토를 했다. 희정이는 울먹이며 "어머니, 감사합니다. 아무 이상이 없다고 다시 전화를 해주셔서요. 어머니는 세상에 미련이 없다고 하셨지만 저는 어머니에 대해 미련이 많아요. 아직도 여권을 두 번은 더 갱신하셔야 해요." 하며 웃음기를 머금고 대답을 했다.

저번 여권 갱신 때 차가 없는 나는 도청까지 가기가 얼마나 힘들었던지 이제는 내 생전 여권 때문에 도청에 갈 일은 없겠다며 좋아했던 내 말을 기억하고 있었던 것이다. 자정이 되었는데 희정이는 그때까지 저녁식사도 하지 않고 울고 있었다.

감사와 감동과 감격으로 멍멍해진 내 가슴에 뜨거운 액체가 흥건히 고였다. 남의 어머니와 남의 딸로 만나 한가족이 된 '우리는 무엇으로 사는가'를 생각했다. 앞마당에 꽃봉오리를 맺은 동백나무가 내일 아침에는 따뜻한 햇살을 받아 활짝 선홍색 꽃을 피우기를 바라며 깊은 잠 속으로 빠져들었다.

(2010. 3. 8.)

장하고 은혜로운 아들 정환이에게

정환아! 정말 수고 많았다. 그동안 혹독하리만큼 힘들고 아팠던 마음과 몸 그러나 집념 강하고 의지력, 버텨내는 힘 강한 우리 아들은 다 이겨내고 성취하였구나.

어머니도 잘 안다. 의사만 된다는 것도 여간한 의지와 인내심 없이는 안 된다는 것을. 중도에 포기한 학생도 얼마나 많니. 힘든 인턴 과정 레지던트 생활 겪어보지 않고는 도저히 상상할 수 없는 고단함, 의사 사회의 경직되고 보수적인 환경은 마음을 더 힘들게 한다는 것도. 논문 쓰랴, 환자 보랴 고된 일상생활을 몇 년을 견디고 버티어내어 우리의 소망이었던 교수직 문교부 임명을 받은 것 너무나 감격스럽고 장하다. 지켜보기만 했을 뿐 아무런 위로와 힘이 되어 주지 못하고 짐만 된 엄마가 미안하고 아플 뿐이다.

아들 아니었으면 엄마는 병신이 되었거나 이미 이 세상 사람이 아니었을지도 몰라. 세상사는 한 치 앞을 알 수 없는 것이 우리 한계야. 그래서 신神께 의지하게 되고 사주팔자를 보게 돼.

엄마가 그렇게 큰 교통사고를 당하리라고 누가 생각하고 예측이나 했겠니. 의사 아들 아니었으면 꼼짝없이 죽었거나 병신이 되었을 거야. 10시간 이상 영상을 보며 칼 자국 하나 내지 않고 뼈를 맞추어 감쪽같이 뼈를 붙여 온전한 모습으로 만들어 주고 얼굴도 얼마나 잘 꿰매었는지 흉터 하나 없이 만들어준 손기술 좋고 실력 있는 우리 의사 아들 고맙고 감사함을 무슨 말로 다 표현하겠니. 하늘이 주신 축복의 은혜라고 생각한다.

누나와 너는 나이는 10년 차이지만 생일은 우연찮게도 2~3일 간격여서 너를 낳던 날도 눈이 펄펄 날리는 추운 날 새벽에 누나를 낳았던 병원으로 갔었지.

진통만 계속될 뿐 밤이 되어도 아기가 나오지 않으니 의사가 예수병원으로 가 수술을 해야 되겠다고 말해 함박눈이 쏟아지는 밤중에 예수병원으로 갔지. 어머니의 꽁꽁 언 몸을 여기저기 끌고 다니며 사진을 찍어대고 퇴근한 산부인과 과장이 급히 달려와 수술을 하려는데 아빠가 도장을 안 찍는 거야. 과장이 너나 어머니 중 한 사람이 잘못될 수도 있고 둘이 다 잘못될 수도 있다고 하니 아빠는 너무 겁에 질려 도장을 못 찍은 거지. 너를 낳던 그 시절 특히 지방에서는 제왕절개 수술을 하는 경우가 거의 없었기에 의사도 자신 없어 했었어. 시간도 많이 지연되었기에 더 그랬을 거야. 어머니가 다 죽어가려는 순간에야 아빠가 겨우 도장을 찍어 수술을 했어.

하늘의 은혜로 너는 무사히 태어났고 엄마도 무사하고 회복도 빨리 됐어. 아빠의 정성 때문인 것 같아. 매일 출퇴근 때 병원부터 들르셨어. 우리 모자의 안위를 확인하고 뒷바라지해주셨지. 너는 그 뒤로 유난히 눈[眼]이 맑고 반짝거리며 온갖 개구쟁이 노릇을 다하고 무사히 자랐지.

유치원 다닐 때는 여자친구가 와 기다려도 일어나지 않고 있다가 겨우 일어나 창피한 줄도 모르고 잠옷 입고 앉아 밥 먹고 유치원 가면서는 여자친구 떼 놓고 혼자 막 달려갔다며……? 여자 친구가 집에 가 울었다고 그 애 엄마가 약국에 오면 엄마한테 정환이에게 여자친구와 함께 잘 가라고 말해달라고 했어.

너는 초등학교 때 축구, 야구 온갖 운동을 다 잘했지. 그림 그리기, 웅변 여러 경시 대회도 학교 대표로 뽑혀 다녔지. 할머니와 엄마가 너희 다 가고 아침식사 하고 있으면 네 웅변하는 소리가 약국까지 들렸어. 할머니는 꼭 자기 친손자같이 좋아하시며 우리 정환이 쩌렁쩌렁 울리는 저 소리를 들어보라며 식사를 하셨고 엄마는 먹지 않아도 배불렀어. 패치기, 구슬치기도 항상 대장이었지. 초등학교 5학년 때 전북 보이스카웃 연맹 대회 때 네가 대표로 선서를 할 때 엄마는 너무 뿌듯하고 자랑스러웠어.

할머니는 우리 가족을 당신 친가족처럼 생각하는 참 좋은 분이셨어.

10년 동안 계시면서 얼굴 한번 찌푸리지 않고 엄마 마음을 항상 편케 해주셨지. 비 오는 날 네 우산을 갖다주러 학교에 갔다 오시면 그렇게 기분 좋아하셨어. 정환이 선생님이 정환이 할머니 오셨느냐며 반갑게 인사했다고.

어머니는 살아오면서 좋은 인연들을 많이 만났어. 하늘의 은혜라고 생각해. 특히 그 중에 너희들과의 만남은 내게 인생을 열심히 살게해준 힘이었고 이유였고 보람이었어. 너희들과의 소중한 인연은 이 세상 어떤 것과도 바꿀 수 없는 내 인생의 시작이고 끝이지.

너희들을 보내주신 하느님께 무한한 감사를 드린다.

어머니는 너를 법대法大 보내고 싶어했는데 아빠가 의대醫大 보내야 한다고 하셨어. 너도 의대 간다고 해 의사가 되어 어머니를 이렇게 멀쩡하게 살려주었구나.

그렇게 아들이 의사되기를 바라셨던 아빠는 네가 의사가 되기 전 갑자기 떠나셔서 네 손 한번 잡아보지 못한 것이 한恨이 되어 잘 가셨는지 몰라. 나는 그래서 더 네 아버지한테 미안하고 죄송하다. 아버지한테 해 드리지 못한 몫까지 더해서 많이 아프고 힘든 사람들에게 사랑으로 네가 가진 훌륭한 기술로 인술仁術의 의사가 되어주길 어머니는 늘 기도한다.

희정이는 매사에 긍정적인 사고와 성실함, 검약성 등 버릴 것 없는 아내니 서로 조화를 잘 이루어 행복한 가정을 꾸리리라 믿는다. 고맙다! 믿음직스럽고 실력 있고 섬세한 손기술을 가진 우리 아들아! 처음부터 우리는 죽음의 강을 건너 만났고 또 건너가려는 엄마를 구해준 주치의 선생님, 아들아 사랑한다. 인생의 긴 항해 동안 노를 안전하게 잘 저어 풍요와 행복의 꿈이 이루어진 언덕에 안착하기를 기도하겠다.

전주에서 어머니가

(2012. 1. 20.)

1987년도 아들 초등학교 6학년 때 고)현대 정주영 회장의 지역사회 학교 발전 사업으로 아들 학교가 전북에서 제1차로 선정되어 자모회장이었던 필자가 전북 초 · 중 · 고 교장 선생님과 고)정주영 회장, 전)문공부 장관 오재경 씨를 모시고 큰 행사를 했을 때 사진이다. 옛 추억을 생각하며 게재한다.

남편의 편지

My Darling!

보내준 惠函 잘 받았소

그 사이 몸과 마음이 健康한지 念慮 많소

家內는 平安하시고 無故한지 消息 傳하여 주기 바라오

난 당신의 念慮의 德인지 지금 이 時刻도 健全히 살아

있소 또 편지를 읽고 당신의 永遠의 사랑의 對話를 듣고

있소 結局 人生은 무지오 佛家의 無常 말입니다

그러기에 人間은 안간힘을 다하여 未來에의 期待에

잠기고 발돋움하여 보나 봅니다

시지프트 (Sigfrid)의 苦役이라 보았을 하나님의 恩寵이

2

20×10

당신에게 束縛되어 있기에 말입니다

하나님이여 길을 좁다는 바이블을 들추지 않아도 幸福에의

追求는 苦難의 連續이었기에 하는 이야기 입니다

元罪에의 代贖이 人間의 Last point 라면 運命이란 글

統計에의 數値가 아니겠소

그렇다면 命題에서의 公式을 달리하는 人間의 本性

과 Consisting Existence를 바로 찾는 것이라 보겠

기에 말입니다

그러기에 오늘까지의 哲人들이 眞을 찾기에 얼마나

苦心하였나는 헤아릴수 없는 書籍의 數로도 充分히

No.

3.

理解하고도 남음이 가니 하오 믿습니다.

眞에는 手段과 方便이 있을수 없소 이것은 現實로 옮겨

眞은 곧 사랑이라 할수 있지 않소

靈魂이 昇華되는 거기에 오직 眞만이 사랑만이 存在

할수 있는것이라 보오

眞에는 時間의 長短과 空間의 遠近 問題가 介在할

수 없읍니다. 그렇지 않으면 眞과 사랑이 되지 않기 때문

이라 생각 하기 때문입니다.

眞과 사랑을 追求하는 그 곳에 Motive나 더욱이 Vision

은 있을수 없다고 봅니다.

20×10

No.

왜냐고 !

眞의 사랑은 唯一함 = 이기 때문입니다.

그곳에는 · 어떠한 障碍가 있을수 없기 때문입니다.

시베리아의 寒雪도 · 千家의 骨肉도 障碍는 되지 않았다는

것이 우리에게 분명히 말하여주고 있지 않습니까?

자 ! 그럼.

당신과 난 生命의 單一体로서 아니 더 나아가려는 眞에의

單一追求者로서 거룩한 합장을 합시다

Xmas Eve엔 거룩한 祝福들이 넘치는 市廳廣場을

메웠고 멋있는 Xmas tree가 세워졌고 하나님의

천리라는 찬송이 擴聲機를 通하여 市內 廣場을 메아리
쳤소 당신이 생각이 어찌나 간절하였던지 그날 냉냉
한 下宿房으로 뛰쳐오고 말았소 나도 其前까지 이러한
心情을 느껴볼 적이 없어 나 自身 의아 하였소
당신이 어데에서 이런 愛情을 느꼈는지 이마를 찾어 보아야
겠소 年末에 꼭 下鄕 하려 하였으나 공교롭게도 1月1日에
내가 日直이 되었소 어이가 없어 嘆息 하였더니
그것도 보아주어서 그렇다는 것은
大喝一聲 호통을 쳤소만 命令은 할수 없소

6.

新計劃을 오롯이 세워주기 바라오
더불어 당신에게 新年은 하나님의 은총이 내리시길
빌면서 不備札 하오

1965. 12. 2日

From Yours

追而 그 寫眞은 잘 받았소 오늘저녁 영등포 할머니댁을 다녀온길에
Photo stand 하나를 사 소중히 끼워 놓고 이
便箋을 쓰고 있소
많이 祈禱 하여 주길 바라오
그리고 할머니께 내가 보내드린 通常換(2,000圓) 잘 받으셨는지 問議 하여
消息傳 하여 주오

20×10

No. 1

My darling!

오늘 당신의 전화 받고 깜짝 놀랐소
여하튼 생생한 육성을 들었으니 무한히 기쁘오만
내 가슴은 지금도 정온을 찾지 못하고 있소
아마! 당신을 염려하는 마음이 너무 앞섰기 때문이었는지 모르겠소!
내 자신도 내 마음속을 꼭 잡을 수 없으니 이상한 일이오! 언제나 당신의 생각만이 나의 사고의 전부이니 내가 꿈결이 당연한 일이었나 보오
사랑은 늘 해저로 아서 온 이르지 못할 곳이 없다는

20×10

No. 2

이야기지오! 당신이 전주에 있건 나의 옆에 있건
그건 나에겐 아무런 의미를 찾아하고 있는건 아니오
당신은 언제나 나의 당신이오 나는 당신의 나가 아니
겠소! 조금도 염려 마오!
언제나 나는 내가 결정한 일 내가 한 행동 내가 한
언동에 대해서 나 자신이 언제나 끝까지 책임과 실현을
하는 사람이라는 것을 잊지 마오!
나는 원래 어릴적 부터 거짓말을 싫어한 사람이오
거짓을 배우지 못했소 언제나 짧은 人生 七十이지만
참답고 깨끗하고 새롭답게 살아가려는 것이 나의

20×10

No 27.

人生觀이오 世界觀이오

여기엔 추호도 차착(差着)이 있을 수 없으며

있지 않아 왔음을 여기에 고조하오

나는 여기에 단언하오 당신이 나의 어디나

그대로 믿어주어도 조금도 어김이 없으리라는 것을

말하여 두오.

人生의 不幸은 始發은 相互 믿지 못한 데서

비롯되었소.

Bible의 創世紀만도 그렇지 아니하오

人類의 代贖을 實現하시려는 神의 子를 十字架로

20×10

보내신것도 믿지 못하는데서 오는것이 아니오
믿지 못한데서 초조가시작되고 초조가 싹트게 되면
거기엔 不安이 겹쳐오게되오
不安은 곧 그 자체가 "Trouble"의 創造者가
되는것이라보오
사람!
이것만이 人生의 最大幸福을 가져다 주며
찾을수 있는것이오
그러니 사랑은 곧 믿음이라보오 믿고 주는데에
사랑과 행복을 찾을수 있고 전취할수 있는것이오

20×10

No 5.

女性이 美의 象徵인도 女性의 母性愛를
두고 이제까지의 幸福의 探求者들이 命名
한이라 생각하오
代価 그것은 곧 不幸의 씨앗이 되지 않겠소.
"Give And take" 주고 그것으로 滿足하는 것만이
진정의 幸福이라 보오
"참으로의 幸福"이 뜻있는 이들에게서 "타기" 된도 이러한
데서 根據한다고 당신은 한번 生覺해 보구려.'
당신은 ~~Mord~~ "Modern"을 把握超越한 理性과
知性을 겸비한 한다운 幸福을 찾을수 있는

20×10

No 6

사랑이라는것 나는 지금 이 시각도 믿어 의심치 아니
하오! 男女은 곧 믿음을 産出하고 幸福을
成就하는것이오!
당신을 처음 만났을 때에도 우리 한시간여를
걸쳐 상호 믿음으로 第一義 가리고 삶을 누려
가자고 提議하였던것이오
자기의 한 말은 金과도 바꿀수 없소, 金뿐만이
아니라 무엇과도 바꿀수 없소 "영혼"의 대화를
이어게한 金銀寶도 믿음을 토대에서 이룩할때에
평화를 이룩할뿐만 아니라 個人의 幸福도 획득

20×10

No. 7

될수 있음을 이야기 하였기에 이것이 恩惠를
生覺할수 있는 사람들의 [illegible]을 받았으며
Best seller를 자랑하지 않았소
우린 이렇게 되면 "칼붓세의 幸福으로 "산 넘어
사람들이 찾으러 갔다가 눈물만 머금고 돌아온
"Glück"로 당신과 나는 幸一生을 찾고
누릴수 있으리라 確信하오
자!
나의 사랑의 처음이며 끝이여!
이번 글이 을

20×10

No. 8.

빙모님은 좋으신 분이라 생각 하였었소! 신정 구정 양차례에도 가 뵙지 못하였더니 죄를 지은것 같소! 이심동체인 당신이 나를 대신하여 죄를 빌어다오! 아울러 빙장님께도

1966. 1. 31

From Yours

20×10

당신께

기쁜 소식을 전하게 되어 마음이 너무나 홀가분합니다.

오늘 아침 일어나자마자 우리 며느리 희정이한테서 전화가 왔어요. 울먹이는 소리로 "어머니 지금 막 받았어요." 하면서 전화선을 통해 희정이의 기쁜 눈물이 전해지고 있었어요.

여보! 우리 아들 정환이가 문교부에서 정식으로 의대 교수 임명장을 받았다는군요.

그동안 우리는 얼마나 가슴 졸이고 기다렸는지 몰라요.

그 자존심 강하고 꼿꼿하고 꿋꿋한 놈이 온갖 힘든 일 다하며 논문 쓰며 환자 보느라 마음고생, 몸고생 한 것이 안쓰러워 보여 저는 가슴이 하루에도 몇 갈래씩 찢겨 나갔답니다.

이제 한 고비 넘긴 것 같아요. 그러나 인생은 끝없는 도전의 연속이기에 또 어떤 시련이 닥칠지 모르지만, 강한 의지를 가진 우리 아들은 잘 버텨내고 이겨내서 최후의 승리자가 되리라 확신합니다. 당신은 나보다 몇 배 더 기쁘시리라 믿어요. 힘센 우리 아들을 믿고 기氣를 불어넣어 주세요.

참으로 긴 세월이 흘렀습니다.

당신과 제가 만나서 살아왔던 시간과 헤어진 시간들을 돌아보면서 모든 잘못은 다 제게 있었음을 이제야 깨닫게 됨을 용서해 주십시오.

우리는 아무 가진 것 없이 가난한 두 청춘이 열정과 패기만 있으면 잘살 수 있다는 신념으로 방 한 칸 얻을 돈 없으면서 저는 서울로 달려갔었지요. 당신 월급이 대단한 줄 알았죠.

그래서 저축해 약국을 해 보려는 야무진 계획도 세웠고요.

당신 말대로 월급은 기대 밖이었죠. 그 시절 공무원 월급은 정말 형편없었던 것 같아요. 방값, 집값이 엄청 비쌌던 그때 서울에서는 도저히 발붙일 엄두가 나지 않아 우선 저만이라도 전주로 내려와 신고 끝에 그나마 살아갈 기반을 만들었던 것이 당신의 인생을 뜻때로 펼치지 못하게 한 원인이 되어 송구스럽기만 합니다. 매사에 당신 뜻에 따르지 않고 잘난 척하며 고집 부리고 신경질내며 투정이나 하는 아내 때문에 얼마나 속을 끓이고 나를 다독이느라 애를 쓰셨는지요.

당신 말대로 나는 약국 안에만 갇혀 사는 세상 물정 모르고 속좁고 신경 예민한 철부지 아내, 힘들게 일하며 아이들 키운다는 유세로 당신을 늘 편치 않게 해 드렸죠.

약국에서 버는 푼돈으로는 부자가 될 수 없을 것 같아 투기를 해보려고 안달을 했었죠. 그때마다 정직과 성실 정도正道만 고집하고 말리는 당신이 얼마나 원망스럽고 미웠는지 모른답니다. 나는 부자가 되어 아이들을 잘 키워보고 싶었고 당신 뒷바라지도 잘해보고 싶었습니다. 당신 뜻을 꺾을 수 없으니 주어진 대로 살아갈 수밖에요. 당신은 항상 분수대로, 하늘의 뜻대로 사는 것이 행복이라고, 그래야 축복받는 삶을 살 수 있다고 말했죠.

당신의 인생에 대한 성실과 정직이 바탕이 되어 아이들은 제 일들을 잘하며 살아가고 있으니 감사할 뿐입니다.

당신이 윤 서방을 꼼꼼이 체크해서 수현이 짝을 채워줘서 나태해진 수현이를 채찍질해 이번에 정신문화연구원에서 박사학위를 받았어요. 얼마나 자랑스럽고 기쁜지 몰라요. 다 윤 서방 외조의 덕이에요.

제가 2010년도에 큰 교통사고를 당해 죽을 뻔했어요.

법대法大를 보내고 싶었던 저를 밀치고 정환이를 당신이 의대에 보냈지 않아요.

그 의사 자식 덕에 제가 병신이 되지 않고 멀쩡하게 살아나 당신께 편지쓰고 있어요. 정작 정환이를 그렇게 의대에 보내고 싶었던 당신은 정환이가 의사가 되기 전 갑자기 이 세상을 떠나서 의사 아들 손 한번 잡아보지 못했죠. 저만 의사 아들 보살핌을 받아 이렇게 살아가고 있네요. 다 당신 혜안의 덕입니다. 수현이를 전주에서 약대나 의대 보내라고 그렇게 말했던 당신을 밀치고 서울로 그것도 인문계로 등을 떠밀어 보낸 저는 후회할 때가 많습니다. 곁에 있었으면 얼마나 좋을까 하고요. 후일 이렇게 쓸쓸해할 저를 위한 배려이기도 했던 것을, 앞은 보지 못하고 헛된 일류병에 걸린 허영심 때문에……. 나이 들어서야 깨달은, 어리석은 여자를 데리고 사느라 당신이 얼마나 답답했을까 생각해 봅니다.

퇴직하고, 손잡고 세계 곳곳을 유람하자던 당신 말이 엊그제인 양 들려오는 듯합니다. 당신이 계시지 않아도 마음속으로는 떨면서 겉으로는 씩씩하게 혼자 유럽 북에서 동쪽, 서쪽 끝까지, 그리도 가보고 싶었던 지중해와 그 연안 그리스, 터키, 이집트 등 좋은 구경 다하고 왔습니다. 바이칼 호수도요. 브리야트 마을에서는 영광스럽게도 여왕 노릇도 해 보고 왔답니다. 다 당신 덕분이에요. 미안하고 죄송해요. 나 혼자만 즐기고 다녀서요.

당신은 아내인 나를 잘못 만나 그 깊은 학문과 넓은 지식을 펼쳐 보이지 못하고 성실과 정직으로 욕심없이 인생을 관조하며 살았지만 세상과 타협하지 못하는 곧은 성격과 부족한 여건 탓으로 뜻을 펼치지 못하게 된 것이 안타깝고 서러울 뿐입니다.

그러나 당신은 평생 가족을 사랑하는 마음으로 행복해했으니 누가 감히 각자 인생의 행, 불행과 성공과 실패를 말할 수 있겠습니까.

사람들의 생명을 다루는 손[手]이니 상처나면 안 된다고 그렇게 아껴주던 제 손도 이제는 많이 험해졌답니다. 청소하고 밥하고 집안일에 매일 매달려 사니까요. 지금 제 손을 보면 안쓰러워하고 마음 아파 하실 거예요.

당신이 만들어준 군자란 화분은 왕성하게 번성하여 새끼를 세 개나 더 만들어 다섯 개가 되었답니다. 군자란이 당신 웃음처럼 거실을 환하게 해줄 때 작지만 우리의 인생이 담긴 두꺼운 책 한 권을 당신 영전에 바치려 합니다. 당신이 그렇게 애틋하게 아끼고 좋아했던 약국에 대한 글 「아침 햇살 가득 번지던 그곳」과 「그리움에 쌓인 우리 집」을 쓸 때는 눈물을 많이 흘렸답니다. 보시면 마음이 흐뭇해지실 겁니다. 당신이 따기를 바랐던 '한약 조제 자격증'을 받던 날도 기뻐해줄 사람, 축하해줄 사람 없어 눈물을 흘렸답니다. 이제는 젊은 날의 당신 아내가 아니고 나이 든 엄마가 되어 수현이가 나를 보살펴 주기를 바랐던 당신 소망대로 좋은 약, 좋은 식품들을 계속 보내주어 겨우겨우 버티고 삽니다. 그러나 인간에게는 도전할 수 없는 신神의 영역이 있습니다. 요사이 인간 세상에는 백 세 수명을 당연한 것으로 알고 도전들 합니다. 저는 백 세는 인간의 영역이 아니고 축복이라고도 생각지 않습니다. 여기서 멈춰도 여한 없습니다. 당신을 만나 넘치는 사랑을 받았고 제 분수에 넘치는 자식들도 만나 충만한 기쁨과 행복 속에 살았기에 이제 이런 자질구레한 일상에서 놓여나 당신 팔베개 베고 편히 잠들고 싶습니다.

기다려 주십시오.

2012. 1. 19.
당신의 아내 드림

■ 평설

서낭댕이 고갯마루에서 주민의 건강을 돌보던 신진약국 약사

-惠堂 공순혜 첫수필집 《아침햇살 가득 번지던 그곳》 출간에 부쳐-

김학(수필가, 전북대학교 평생교육원 수필전담 교수)

1. 공순혜, 그녀와 문학의 만남

수필가 惠堂 공순혜!

그녀는 지금도 70대 할머니가 아니라 유치원에 다니는 순진무구한 어린이처럼 순수하다. 외모부터가 여리디 여리다. 파리 한 마리, 모기 한 마리 때려잡을 줄 모를 정도로 마음이 곱다. 눈여겨 찾아보지 않으면 그녀가 있는지 없는지 알 수 없도록 말수도 없다. 웃을 때도 그윽한 미소만 그릴 뿐 여느 여자들처럼 호들갑을 떨며 큰 소리로 하하호호 하지 않는다.

수필가 惠堂 공순혜!

그녀는 단발머리 소녀시절부터 감수성이 예민한 문학소녀였다. ≪젊은 베르테르의 편지≫, ≪데미안≫, ≪시지푸스 신화≫ 등 명작들을 읽으며 소녀시절 그녀의 마음에 문학의 씨를 심었다. 중학교시절에도 수업시간에 선생님 몰래 소설책을 읽다가 들켜 꿀밤을 맞았던 일도 있었단다. 공자의 후손인데 어찌 문학을 좋아하지 않겠는가?

그렇게 문학적 소양을 갖춘 그녀였지만 부모님의 강력한 권유로 중앙대학교 약학대학에 진학하여 약사가 되었다. 약사가 되어 전주 서낭당[城隍堂] 고갯마루에 약국을 열고 〈신진약국〉이란 간판을 내걸었다. 그 〈신진약국〉은 스스로 문을 닫을 때까지 한 평생 그녀의 활동 무대가 되었다. 그 〈신진약국〉은 가난한 동네 주민들의 건강보호는 물론 생활 속에서 묻어나는 주민들의 하소연을 들어주는 곳이기도 했다.

세월이 흐르면 환경도 변하기 마련이다. 몇 년 전까지만 해도 문은 닫았어도 그 자리에 〈신진약국〉이란 간판이 그대로 걸려 있어서 지나는 길손들이 옛 추억을 되새길 수 있었다. 그러나 지난해 그곳에 4차선 도로가 뚫리는 바람에 지금은 〈신진약국〉이란 간판도, 그 집터조차 사라지고 말았다. 그러나 惠堂 공순혜 수필가는 지금도 〈신진약국〉이 있던 그 서낭당 고갯마루를 떠나지 않고 그 근처 골목이 깊은 단독주택에서 수필이랑 함께 살고 있다.

수필가 惠堂 공순혜!

그녀는 참으로 겸손하다. 남에게 폐를 끼치기 싫어한다. 남을 배려하는 마음이 유별나다. 겸손의 문학이요, 역지사지의 문학인 수필은 그녀의 심상心象과 궁합이 아주 잘 맞는다. 목소리도 나지막하여 토끼처럼 귀를 쫑긋 세우지 않으면 대화를 나누기 어려울 정도다. 바람이 불면 날아갈 것처럼 연약한 몸매지만 자신의 건강을 가꾸는 데는 대단히 열심이다. 옛날에는 가까운 기린봉에 오르며 건강을 다졌다. 2010년이던가? 교통사고를 당한 뒤로 요즘에는 가까운 학교 운동장에 나가 걷기운동으로 체력을 단련한다.

교통사고에서 장애 없이 다시 일어설 수 있게 된 것은 의사인 아들의 혼신의 치료 덕이라고 한다. 전주에서 교통사고가 났는데도 당시 수원 아주대학교 의대 부속병원에 입원한 것은 그 대학교수인 아들이 치료를 전담하기 위해서였다. 10시간의 큰 수술! 어머니의 수술을 하고서 그 의사 아들은 1주일이나 출근을 하지 못할 만큼 끙끙 앓았단다. 진이 다 빠지도록 어머니의 수술에 최선을 다했기 때문이다. 그 덕에 공순혜 수필가는 부활하여 다시 수필과 상봉했고, 또 이렇게 첫 수필집을 묶게 된 것이다. 이 수필집을 받아보는 공순혜 수필가 본인은 물론 그 아드님의 심사는 참으로 만감이 교차할 것이다.

惠堂 공순혜 수필가!

그녀가 수필과 만난 것은 5년 전, 전북대학교 평생교육원 수필창작반을 찾으면서부터였다. 그녀는 자신의 인품처럼 나긋나긋한 서정수필을 즐겨 쓰곤 했었다. 수필창작 횟수가 불어날수록 일취월장 하여 남의 부러움을 샀다. 드디어 2008년 종합문예지 ≪대한문학≫ 가을호에서 수필가로 등단하였다. 단발머리 시절부터 품어 온 문학소녀의 꿈을 칠순 할머니가 되어 이루게 된 것이다. 소걸음처럼 뚜벅뚜벅 수필의 길을 걷더니 마침내 70편의 수필을 6부로 편집하여 첫 수필집 ≪아침햇살 가득 번지던 그곳≫을 상재하기에 이르렀다. 그 기쁨이 얼마나 크겠는가?

2. 공순혜 수필의 맛보기

일찍이 싸르트르는 문학작품을 탄약을 잰 권총에 비유한 적이 있다. 창작은 곧 권총을 쏘는 일이나 다를 바 없다고 한 것이다. 그러므로 작가는 권총으로 쏠 표적을 택한 이상 정곡을 겨누어 쏘아야 한다는 이야기다. 이왕 쏘기로 마음을 먹었으면 목표를 명중시켜야 한다는 뜻이다. 지당하신 말씀이다.

시에서의 상상력이, 소설에서의 허구가 각각 시와 소설의 문학성을 갖게 하는 요체라면, 수필에서는 의미화意味化가 그러한 역할을 담당해야 한다. 개인적 체험이 보편적 체험으로 확대되어야 한다. 여기서 보편적 체험이란 공감대형성이란 의미와도 통한다. 나의 체험이 우리의 체험으로 전이되어야 문학성을 지닌 수필로 거듭날 수 있을 테니 말이다.

이제부터 惠堂 공순혜의 수필세계로 들어가 보자.

惠堂 공순혜 수필가는 몸은 약한 편이지만 꾸준히 걷기운동을 한 까닭에 여행을 무척 즐긴다. 문화유산 답사를 즐기는 편이다. 수필가로서 바람직한 일이려니 싶다.

"어머니, 희정인데요. 곧 택배 도착할 테니 집에 계세요."

딸 수현이가 보낸 택배를 풀어보고 있을 때 며느리의 전화가 걸려왔다. 5월은 가정의 달이다. 전화를 받고, 택배를 받고 보내고, 정신없이 바쁘고 기분 좋은 즐거운 달이다. 연초록 잎들도 산으로 들로 나오라고 손짓한다. 그래서 갈 곳도 많다.

—〈아주 특별한 택배〉 서두

어느 해 5월, 어버이날 무렵의 체험을 화소로 하여 빚은 수필이다. 공순혜의 수필에는 재미란 양념이 들어있다. 제목부터 독자의 궁금증과 호기심을 자아낸다. 이들 시어머니와 며느리는 고부간이라기보다는 친정어머니와 딸 같다는 생각이 든다. 수원에 사는 며느리가 전주에 사는 시어머니를 찾아오면서 자신의 도착을 택배의 도착이란 은유적 표현을 한 것이다. 얼마나 유머러스한 발상인가?

어머니 안녕하세요? 희정이에요. 오늘은 어버이날입니다. 주중이라 오늘은 전화만 드리고 주말에 찾아뵈려고요. 저는 다행히 스케줄 조정이 되었는데 정환 씨는 어려울 것 같아요. (중략) 어제 늦게까지 통화해서 오늘 일부러 오후에 연락드렸는데 선물만 보낸다고 하니 섭섭해 하시는 것 같아서, 전주에 갈 거라고 말씀드리고 싶었지만 꾸욱~ 참았습니다. 가서 기쁘게 해드리려고요. (중략) 물론 용돈도 많이 드려야지요. 어머니가 좋아하시는 예쁜 장미꽃 화분도 가져갈게요. 감사드릴 수 있는 어머니가 계셔서 행복합니다. 어머니 사랑합니다!

—희정 올림

나는 너무 행복해서 눈물이 쏟아질 것 같았다. 성실하고 지혜롭고 슬기롭고 센스 있는 며느리를 보내주신 하느님께 두 손 모아 감사를 드린다. 특별한 택배를 보내준 우리 며느리 희정아! 사랑한다!

—〈아주 특별한 택배〉 결미

시어머니 공순혜와 며느리 희정이가 주연인 이 한 편의 수필은 감동적인 홈드라마가 아닐 수 없다. 찬사라는 찬사를 다 쏟아내는 며느리에 대한 시어머니의 마음이 몹시도 아름답다. 이런 고부관계가 들불처럼 번져서 모든 가정이 이 같은 행복의 꽃밭이 되었으면 좋겠다.

수필가 공순혜는 수필의 글감을 찾아 서울나들이도 마다하지 않는다. 특히 서울에서 유명한 그림전시회나 음악연주회가 있다면 단숨에 달려가 감상하고 온다. 〈오랜만의 외출〉이란 작품의 화소도 그렇다. 예술의 전당 한가람미술관에서 열리는 미국 필라델피아미술관 소장품 '모네에서 피카소까지'를 감상한 체험을 육화시켜 한 편의 수필로 빚었다. 수필가 공순혜, 그녀의 5감이란 안테나에 글감이 잡히면 바로 한 편의 수필로 빚어진다. 그녀의 순발력이 참으로 놀랍다.

개들이 짖어대고 대추나무와 모과나무가 그늘을 만들어주고, 석류꽃과 장미꽃이 반겨주며, 모과와 상추 같은 푸성귀를 나눠 먹고, 서로 도와주고 지켜주는 정다운 이 골목 사람들을 나는 사랑한다. 사람 사는 냄새와 정이 넘쳐나는 이곳이 시멘트에 갇혀 사는 아파트의 편리보다 더 좋고 정답기 때문이다. 언제까지 이 골목길이 버텨줄지 모르지만 내가 떠나기 전에는 지금처럼 여기에 그대로 있어주길 바랄 뿐이다.

—〈골목안 사람들〉 결미

65만 인구가 사는 전주 서낭댕이 고갯마루엔 아직도 이처럼 조선시대의 시골 같은 동네가 있고, 인정이 넘치는 골목안 사람들이 살고 있다. 그러나 수필가 공순혜에게 큰 아픔이 있었다. 불의의 교통사고 때문이다. 그녀가 입원 중일 때 수필창작반 문우들은 전화로 격려했고 수원의 병실까지 찾아가 문병을 하며 쾌유를 빌었다. 그녀가 완쾌하여 다시 전북대학교 평생교육원 309강의실로 나올 수 있기까지는 많은 이들의 도움이 있었던 것이다. 화자로서는 어찌 고맙지 않으랴.

지난해 12월 30일 저녁에 주치의인 아들에게 상처 하나 없이 날 일으켜 세워준 효심에 감사하다고 정중히 송년인사를 했다. 자기의 의술은 미미했지만 어머니의 굳건한 의지와 열심히 운동하신 결과라고 겸손의 미덕까지 갖추어 답례를 했다. 나는 항상 기도한다. '아들이 참 인술의 의사가 되게 해 주시옵소서!' 딸은 바쁜 제 일정을 다 제쳐놓고 먼 거리임에도 날마다 싱싱한 과일과 힘이 날 보양식을 넉넉히 날랐다. 특별히 한의대 교수에게 부탁해 내 체질에 맞는 값비싼 보약을 만들어 하루라도 빨리 병상에서 일어나기를 기원하는 딸의 깊은 마음과 정은 자식이라고 다 할 수 있는 일이 아닌 것 같다. 속 깊고 고마운 우리 딸 수현이가 없었다면 나는 언제 병상에서 일어날 수 있었을지 모른다. 여러 사람의 간절한 염원이 모여지면 죽음의 늪에서도 벗어날 수 있다는 것을 느꼈다. 앞으로 누구든 필요한 곳에 조그만 나의 힘이라도 보탤 수 있다면 남은 삶의 보람과 기쁨이 되겠다.

—〈감사의 편지〉 결미

인생의 배낭 속에 즐길 것 하나는 꼭 들어있어야 한단다. 낙樂이 없는 인생은 사는 게 아니라 생물학적인 연명일 뿐이라고 하지 않던가? 낙이 없는 인생은 권태의 연속일 뿐이다. 즐겁게 사는 사람은 즐거움(樂)으로, 불평하며 사는 사람은 괴로움(苦)으로 남은 길이 바뀐다고 한다. 그렇다면 우리는 어떻게 살아야 할 것인가?

수필은 인간 100세 시대를 풍요롭게 열어 줄 중요한 열쇠가 될 것이다. 그것을 결코 소홀히 취급해서는 안 되려니 싶다.

나도 올해 큰일을 해냈다. 평생 꿈이었던 작가로 등단을 했다. 문학을 일찍부터 시작해 많은 일을 이루어낸 문인들에게는 아주 작은 일이겠지만 나에게는 등단이라는 사실이 산만큼 높고, 가을 들판처럼 풍성하며, 햇빛 찬란한 물결처럼 빛나고, 기쁘고, 영광스런 일이다. 언제까지 생각의 실마리를 잃어버리지 않을지 모르지만 그때까지 펜을 놓지 않으련다. 올해 우리 가족이 해낸 일들은 하느님의 축복 없이는 이루어질 수 없는 일들이다. 이 엄마는 칭찬하고 또 칭찬해 주리라. 우리 자식들이 해낼 때마다 그리고 눈감는 순간까지 기도하고 또 기도하리라. 정성이 하늘에 닿을 때까지, 이것만이 엄마가 할 수 있는 여생의 숙제라고 생각한다. 기쁨과 영광과 행복을 가득 주었던 2008년이여, 아듀!

—〈엄마의 영원한 숙제〉 결미

기린봉麒麟峰은 수필가 공순혜가 날마다 새벽에 오르며 건강을 다지던 전주의 상징적인 명산이다. 전주시민들이 즐겨 찾는 산이

기도 하다.

유 권사님은 기린봉에 오면 임도 보고 뽕도 딴다고 늘 말씀하신다. 건강도 지키고 즐거운 사람들을 만나니 하시는 말씀이다. 나는 오늘아침에 기린봉에서 얼마나 많은 혜택과 즐거움을 얻었는지 모른다. 자연은 스스로를 가꾸고 생명력을 키우면서 아무것도 베풀어주지 않는 사람들을 위하여 항상 그 자리에서 묵묵히 우리 인간들의 횡포를 견뎌내고 먹을 것과 마실 것을 주어 건강을 지켜준다. 그런데도 인간은 이런 자연에 대하여 감사하기는커녕 마구 짓밟고 함부로 대한다.

–〈기린봉〉 중에서

어떤 동물이나 자기의 보금자리를 사랑할 것이다. 하물며 사람이야 더 말해 무엇 하랴. 수필가 공순혜 역시 서낭댕이에 있던 옛집을 사랑한다. 젊은 날의 추억들이 아로새겨져 있기 때문이다.

남편과 나, 그리고 우리 아이들이 살던 집은 특별한 곳에 있었다. 사람들이 서낭댕이[城隍堂]라고 부르는 곳, 삼거리 코너에 있었다. 정남향으로 아침 일찍 햇살이 쏟아져 들어와 이 동네에서 제일 먼저 아침을 맞는 집이었다. 그 속에 사는 우리 가족도 이 동네에서 제일 먼저 일어나 각자 일을 시작했다.

남편은 한동안 서울과 전주에서 직장엘 다녔으나 군산으로 옮긴 뒤로는 마치 집이 군산에 있는 사람처럼 퇴직도 그곳에서 했다. 봄이면 벚꽃길이 좋아서라고 했다. 새벽같이 일어나 아침밥을 짓고, 도시락을 쌌다.

평생 외식을 싫어하고 집 밥만 고집하는 남편이었기에 정년퇴직하기 전날까지도 도시락을 쌌다. 아이들도 어찌된 일인지 중학교부터 추첨제가 되어 먼 학교로 다녔다. 그래서 우리 집은 동네 어느 집보다 일찍 일어나 아침을 준비해야 했다. 내가 운영하는 약국도 아침 5시만 되면 문을 열어달라고 사람들이 찾아왔다. 우리 가족들은 모두 먼동이 트기 전에 일어나 서둘러 각자 일을 시작했다. 아이들이 자라고 살림을 돌봐주는 할머니와 약국 일을 도와주는 아가씨까지 대가족이 살기에는 턱없이 부족한 15평짜리 집이었다. 남편과 아이들이 직장과 학교로 가기까지 우리 집은 서로 부딪치며 온갖 북새통을 이루고 북적대다 아침 8시가 지나야 겨우 편히 앉을 수 있었다.

—〈아침햇살 가득 번지던 그곳〉 서두

惠堂 공순혜 수필가가 첫 수필집 표제로 사용한 작품이다. 그만큼 화자의 애정이 가득 담긴 수필이다. 혜당의 가족들에게 기쁨과 보람과 행복을 준 집이니 어찌 잊을 수 있겠는가? 그러니 서울 강남의 몇 십 억짜리 고급 아파트보다도 더 값진 집이라고 생각할 것이다. 화자는 5평짜리 약국에서 아픈 몸을 치료할 약을 팔뿐 아니라 동네사람들의 마음의 병까지 달래주는 인생복덕방 상담사역할까지 했던 것이다. 그 약국은 화자의 나이 65세 때인 2005년 2월 25일 문을 닫았다고 한다. 그러고서 3년 뒤인 2008년 10월 어느 날, 길이 뚫리면서 간판이 내려지고 집도 자취 없이

사라지고 말았다. 화자의 가슴이 텅 비었다는 말은 결코 과장이 아니리라.

하버드대학교 캠퍼스 중앙에 초대 총장의 동상이 서 있었다. 부모들이 그 총장의 발등을 문지르면 자식들 3대가 하버드대에서 공부할 수 있는 영광을 가질 수 있단다. 관광객들마다 저마다의 꿈과 희망을 가지고 그 총장의 발등을 어찌나 문지르던지 반질반질 빛이 나고 있었다.

—〈반짝거리는 하버드대 초대 총장 동상의 발등〉 중에서

미국여행 때 세계적인 명문 하버드대학에 들렀을 때 겪었던 에피소드다. 자녀들을 사랑하는 우리나라 어머니들의 모성애와 어우러져 빙그레 웃음을 자아내게 하는 작품이다.

惠堂 공순혜 수필가!

그녀의 수필을 찾는 눈은 한반도 안에만 머물지 않는다. 고달픈 해외여행에서도 수필을 찾는 노력은 게으름을 피우지 않는다. 그리스 아테네에서 파르테논 신전과 올림픽경기장 등을 보고서도 기행수필을 끌어내고, 러시아 겨울궁전에서 만찬을 즐기고도 어김없이 수필을 빚는다. 수필이란 게 수필가의 체험이 사유와 관조와 통찰을 통해 문장이란 옷으로 형상화된다는 가르침을 증명해 보이려는 듯 수필을 출산하고 있다.

운동화와 점퍼차림의 우리는 스스럼없이 흰 대리석 위에 붉은

카펫을 깐 겨울궁전의 중앙 계단을 올라가 왼편으로 돌아 Grand Duke Nikeolai 공작석 거실 식탁 앞에 앉았다. 식탁 앞 메뉴판 맨 위에는 31 May 2007. 13:00 For our guests from Korea(한국에서 온 우리의 손님들을 위하여)라고 환영의 뜻을 정중하게 써놓았다. 그 아래에 메뉴를 적어놓았다.

－〈러시아 겨울 궁정에서의 만찬〉 서두

러시아 귀족 못지않게 호사를 누린 체험이 기행수필로 태어났다. 이런 체험을 하지 못한 다수의 독자들도 작가의 안내로 간접체험을 한다. 언젠가는 나도 러시아를 가보아야지 하며 꿈을 그리고 꿈 너머 꿈을 키울 것이다.

버락 오바마, 그는 누구인가?

140여 년 전 에이브러햄 링컨 대통령이 남북전쟁을 승리로 이끌어 흑인노예제도가 폐지된 뒤에도 해결되지 못했던 인종 문제를 뛰어넘어, 사회통합을 이루어 낸 미국의 제44대 대통령이다. 케냐 출신 흑인 아버지와 백인 어머니 사이에서 태어난 미국 233년 역사상 처음으로 당선된 흑인 대통령이다.

－〈오바마의 어깨〉 서두

미국 최초의 흑인 대통령 버락 오바마의 취임식을 보고 그 감회를 수필로 쓴 작품이다. 대통령이라는 영광보다 그가 대통령으로서 짊어져야 할 짐을 예거하며 그의 어깨가 무거우리라 안타까워한다. 수필가 공순혜, 그녀는, 지금은 막혀버린, 북녘 땅 개성에 다녀와서도 맛깔스러운 기행수필을 빚었다.

벌겋게 벗겨진 산하, 말라 비틀어져가는 보리농사, 다 허물어져가는 주택 등, 작은 창으로 보이는 것은 무엇 하나 마음을 풍성하고 편안하게 해주는 것이 없었다. 오후에는 숭양서원, 선죽교, 표충비, 고려박물관 등을 관광하고 개성공업지구도 차 안에서 구경했다. 선죽교! 우리 국민이라면 초등학생 때부터 배운 다리다. 상상했던 것만큼 크지 않았다. 고풍스러운 조그만 돌다리일 뿐이었다.

–〈개성, 그 그리운 북녘 땅에 다녀와서〉 중에서

금강산에 이어 두 번째로 관광이 허용된 게 북한의 개성이었다. 고려의 수도였던 개성! 그러나 몇 년 전부터 북녘 땅 관광은 다시 닫혀 버렸다. 안타까운 일이다. 과연 언제쯤 남북교류가 다시 이루어질지 궁금하다.

먼 이국땅에서 얼마나 고국을 그리워하며 눈물을 흘리고 돌아올 날을 기다렸을까? 이 땅에서는 존귀하여 임금님이나 볼 뿐 서민은 가까이 할 수도 없는 오색찬란한 문화재였다. 그런 문화재가 프랑스 지하창고에서 숨죽여 지내다가 다행히 재불 서지학자 박병선 박사가 발굴 공개하여 세상에 알려지게 되었다. 조선왕조 외규장각 도서 296권이 프랑스 국립도서관에 보관되어 있고, 한 권은 대영박물관에 있다는 것이 확인된 지 36년, 반환협상이 시작된 지 20년 만에 그리운 고국으로 돌아왔다. 얼마나 귀중한 보물들인가?

–〈프랑스에서 돌아온 조상의 얼〉 서두

惠堂 공순혜 수필가!

그녀는 서정수필만 빚는 수필가가 아니다. 시사문제도 과감하게 수필이란 그릇에 담는다. 칼럼에 못지않은 필력으로 독자의 시야를 넓혀준다. 미국 수필가 화이트는, 수필이란 인류나 인간에 대해 쓰지 말고 한 사람에 대해 쓰는 것이라고 했다. 깊이 음미해야 할 명언이라고 하지 않을 수 없다. 자신의 체험에 문학의 옷을 입혀야 수필이 되는 법이 아니던가.

비엔나에는 특별히 '비엔나커피'라는 것이 없다. '아인슈패너커피'라고 하여 카페로 들어가기 어려운 마부들이 한 손에 말고삐를 잡고 다른 한 손으로 설탕과 생크림을 넣은 커피를 마차 위에서 마시게 된 것이 시초였는데 후에 비엔나사람들은 아인슈패너, 멜랑쉬, 에스프레소 등의 커피콩을 오래 볶아 진하고 풍부한 향을 내는 커피를 선호하면서 '비엔나커피'를 꼭 마셔 보아야 한다는 것이 상식처럼 되어 있다.

–〈비엔나에는 비엔나커피가 없다〉 중에서

옛날 러시아식 전통사우나도 색다른 체험이었다. 사우나를 하고 나니 온몸의 피로가 싹 가시며 몸과 마음이 상쾌하였다. 민속놀이도 특이하고 재미가 있었다. 미남 총각인 러시아 운전기사를 신랑으로 맞아 결혼식 장면을 연출해 보는 것도 잊히지 않을 추억이 되었다. 여행은 아름다운 추억 만들기다. 이번 시베리아 여행은 환상적인 추억 쌓기였다.

–〈꿈에 그리던 바이칼 호수〉 결미

惠堂 공순혜 수필가!

그녀는 디지털 카메라로 아름다운 풍경을 촬영하듯 이국의 풍정을 수필의 그릇에 차곡차곡 담는 솜씨가 능수능란하다. 그 덕으로 독자는 돈 한 푼 들이지 않고 미지의 외국풍물을 눈요기할 수 있어서 좋다. 수필을 읽는 독자들의 기쁨일 것이다.

6부는 편지글만을 모았다. 똘똘한 외손녀 희지를 비롯하여 사위, 딸, 며느리, 아들 그리고 세상을 떠난 남편에게 띄우는 서간문체 수필이다. 정이 듬뿍 담긴 수필가 공순혜의 유언장 같은 느낌을 주는 글이다. 박사인 딸과 사위, 교수인 아들과 며느리 등 훌륭한 인재들을 키워냈으니 어찌 자랑스럽지 않으랴?

3. 공순혜 수필가의 가야할 길

惠堂 공순혜 수필가!

마침내 공순혜 수필가가 첫 수필집을 엮는다. 수필가 공순혜의 꿈 너머 꿈이 이루어지는 순간이다. 이럴 때 밤에 기린봉에서 축포라도 쏘아 올리며 축배를 들어야 할 일이다. 언제 수필집을 출간하고 출판기념회를 가질 것이냐고 묻는 며느리의 질문에 대답을 해야 할 시점에 이르렀다.

문학의 길은 끝없는 수도의 길이다. 수필가 공순혜 역시 겸손하게 자신의 글이 늘 미완성이라 생각하고 구도자의 자세로 꾸준히 글을 써나갔으면 좋겠다. 그런다면 언젠가는 소망하는 높은 수필가의 경지에 오를 수 있을 것이다. 한시도 불광불급不狂不及의 자세를 잊어서는 안 될 줄 안다. 수필은 삶의 문학이며 정의 문학이고 겸손의 문학이자 자신의 마음을 찾는 글이다. 옷을 활활 벗고 목욕탕에 들어가듯 마음의 옷을 활활 벗고 발가벗은 마음을 숨김없이 문자로 드러낼 줄 알아야 멋진 수필가일 것이다. 그래야 독자의 공감을 얻을 수 있는 진솔한 수필이 태어날 테니 말이다. 수필가 공순혜의 문운창성을 빌어마지 않는다.

공순혜 수필집

아침 햇살 가득 번지던 그곳

인 쇄 / 2012년 3월 5일
발 행 / 2012년 3월 15일

지 은 이 / 공 순 혜
발 행 인 / 서 정 환
발 행 처 / 수필과비평사

출판등록 / 1984년 8월 17일 제28호
주 소 / 서울시 종로구 익선동 30-6
운현신화타워 빌딩 2층 209호
전 화 / (02) 3675-5633, (063) 275-4000
팩 스 / (063) 274-3131
E - mail / essay321@hanmail.net

값 13,000원

ISBN 978-89-5925-992-2 03810